MANA

Titel von Almut Irmscher in der Reise-Lesebuch-Reihe (ISBN: 978-3-95503-...)

Das **Island**-Lesebuch (127-5)
Das **Norwegen**-Lesebuch (130-5)
Das **Dänemark**-Lesebuch (133-6)
Das **Irland**-Lesebuch (136-7)
Das **Schottland**-Lesebuch (139-8)
Das **England**-Lesebuch (142-8)
Das **Portugal**-Lesebuch (146-6)
Das **Italien**-Lesebuch (149-7)
Das **Griechenland**-Lesebuch (152-7)
Das **Schweden**-Lesebuch (177-0)
Das **Kroatien**-Lesebuch (180-0)
Das **Toskana**-Lesebuch (183-1)
Das **Namibia**-Lesebuch (200-5)
Das **Nordsee**-Lesebuch (215-9)
Das **Ostsee**-Lesebuch (212-8)
Das **Spanien**-Lesebuch (209-8)
Das **Sardinien**-Lesebuch (231-9)
Das **Bayern**-Lesebuch (258-6)
Das **Österreich**-Lesebuch (260-9)
Das **Provence**-Lesebuch (269-2)
Das **Corwall**-Lesebuch (271-5)

Titel von Gunhild Hexamer in der Reise-Lesebuch-Reihe:

Das **Kanada**-Lesebuch – Der Osten (186-2)
Das **Kanada**-Lesebuch – Der Westen (189-3)
Das **Kalifornien**-Lesebuch (203-6)
Das **USA**-Lesebuch (218-0)
Das **Florida**-Lesebuch (254-8)

Titel von Almut Irmscher in der City-Lesebuch-Reihe:

Das **Wien**-Lesebuch (234-0)
Das **Rom**-Lesebuch (237-1)
Das **Hamburg**-Lesebuch (240-1)
Das **Venedig**-Lesebuch (243-2)
Das **Amsterdam**-Lesebuch (252-4)

Bibliografische Information der Deutschen Nationalbibliothek
Detaillierte bibliografische Daten sind unter http://dnb.dnb.de abrufbar.

Titelfoto: Konstanttin/iStock (Provence-Alpes – Côte d´Azur)
Bilder im Innenteil: Almut Irmscher
Grafiken: Tabea Sudrow, anemoyu/iStock (S. 52, 89)
Umschlag, Satz, Layout: MANA-Verlag
Druck: Dardedze, Riga, EU

ISBN: 978-3-95503-269-2

MANA-Verlag.de:
Reise-Lesebücher

Almut Irmscher

Das Provence-Lesebuch

Impressionen und Rezepte
aus dem Land des Lichts

Inhalt

Einführung

Die Provence! Haben Sie auch gleich das Bild eines violett leuchtenden Lavendelfelds vor Augen? Erklingt in Ihrer Fantasie der alte melancholische Schlager von Nana Mouskouri? Fühlen Sie die Wärme der südlichen Sonne und sehen Sie den alten Bauern mit Rotwein, Baguette und schmackhaftem Käse? Es ist das typische Provence-Klischee, das wir vor Augen haben.

Aber unsere Vorstellung ist ein bisschen dürftig. Denn die Provence ist weit mehr als nur das. In Wirklichkeit reden wir von einem beachtlich großen Gebiet im Südosten von Frankreich, etwas größer als Belgien und fast so groß wie Nordrhein-Westfalen. Es ist die Region Provence-Alpes-Côte d'Azur, und sie ist so vielseitig, wie dieser Name schon vermuten lässt. Da gibt es das Rhonedelta und die endlosen Schilfwälder der Camargue. Oder die noble Küstenregion der Côte d'Azur, die hohen Gipfel der Alpen und die gewaltige Schlucht des Grand Canyon du Verdon, außerdem so unterschiedliche Städte wie das quirlige Marseille und das glamouröse Cannes. Könnte es noch bunter zugehen?

Die Provence ist eine Landschaft für die Sinne. Ihre glanzvollen Farben schmeicheln dem Auge, die südliche Sonne wärmt die Haut – zumindest im Sommer, denn zur Winterzeit wird es hier ganz schön kalt. Doch bleiben wir im Sommer: Der Gesang der Zikaden betört das Ohr, die Aromen der Kräuter bezirzen die Nase – Rosmarin, Thymian und Lavendel sind allgegenwärtig. Kein Wunder, dass Grasse, die alte Welthauptstadt des Parfums, sich in dieser Region befindet.

Die Küche der Provence schöpft aus dem Vollen. Im hiesigen Klima gedeiht das Gemüse fabelhaft, pralle Auberginen, aromatische Tomaten, zarte Zucchini, saftige Paprika. Dazu gibt es kostbare Trüffel, würziges Olivenöl, hervorragenden Wein und die berühmten Kräuter der Provence. Was sich damit alles anstellen lässt, verraten die Rezepte, die Sie jeweils im Anschluss an die einzelnen Kapitel finden. Zaubern Sie sich damit den Geschmack der Provence in Ihre heimische Küche!

Dieses Buch erzählt von der Region Provence-Alpes-Côte d'Azur und ihren Besonderheiten. Die einzelnen Geschichten greifen provenzalische Themen auf und lassen Sie in die besondere Atmosphäre dieses Landstrichs eintauchen. Begleiten Sie mich auf eine Reise mit unterhaltsamen Impressionen und einem lebendigen Bilderbogen. Auf meiner Website

www.almutirmscher.de

erwartet Sie außerdem ein Fotoalbum mit vielen schönen Aufnahmen aus der Provence, die Ihre Eindrücke abrunden.

Willkommen im Land des Lichts –
bienvenue en Provence!

Auf der Suche nach dem Parfum – Grasse

Beginnen wir dort, wohin unser erster Gedanke ging: im Lavendelfeld. Vor Jahren fuhr ich nach Grasse, der Welthauptstadt des Parfums, um in Aromen und Düften zu schwelgen. Die Stadt müsse ein einziges wogendes Meer aus Lavendel sein, so hatte ich es mir vorgestellt. Hübsche kleine Häuser, in denen glückliche Menschen leben, umgeben von Lavendelfeldern. Aber die Realität sah ganz anders aus.

Nicht nur, dass ich Grasse nicht so reizvoll fand, wie ich es mir vorgestellt hatte. Ich entdeckte auch kein einziges der lilastrahlenden Felder, die ich mir erträumt hatte. Die Französin, die ich in einem Parfumladen danach fragte, schüttelte nur den Kopf und sah mich verständnislos an. Dann machte sie eine ausholende Armbewegung und wies nach links: »250 Kilometer in diese Richtung«, sagte sie. Sie wird sich über die naive Touristin gewundert haben. Und tatsächlich hatte ich damals noch keine Ahnung.

Grasse liegt in etwa 300 Metern Höhe 20 Kilometer nördlich von Cannes. Tatsächlich war die Stadt ehemals von Blumenfeldern umgeben, da blühten außer Lavendel auch Rosen, Orangen, Jasmin und zahllose andere duftende Blumen. Doch heute ist es wirtschaftlicher, diese Blüten aus der Türkei, aus Indien oder aus Marokko zu importieren. Lediglich die Mairose Centifolia verströmt noch ihren betörenden Duft in der

Gegend von Grasse, sechs Wochen lang im Frühjahr. Bis zu 100 Kilo Rosenblüten werden dann jeden Tag geerntet, um zu kostbarer Essenz weiterverarbeitet zu werden. Es ist der Duft dieser Blume, der zum Beispiel Chanels legendärem No. 5 seine betörende Note verleiht. Chanel No. 5 ist eines der Aushängeschilder von Grasse, denn es wurde hier kreiert.

Doch nicht immer war Grasse die Hauptstadt süßer Düfte. Es sind eher würzig-herbe Aromen gewesen, die die Atmosphäre der Stadt bis ins 17. Jahrhundert hinein dominierten. Denn Grasse fungierte als eine Metropole der Gerberei. Der Grund dafür, dass sich dieses Handwerk hier ansiedelte, ist das an den südlichen Ausläufern der Alpen überreichlich fließende Wasser. Das feine Leder, das in Grasse entstand, wurde zu Gürteln, Taschen, Schuhwerk und Handschuhen weiterverarbeitet.

Während der Epoche des Barocks kam dann in der feinen Gesellschaft die Mode auf, sich die Handschuhe zu parfümieren. Die Handschuhmacher aus Grasse begannen, Blütensaft zu extrahieren, um ihre Produkte schon köstlich parfümiert auf den Markt zu bringen. Die Mode ging, die Fertigung von Handschuhen verlagerte sich hin zu anderen Orten. Doch der Duft blieb. Die Manufakturen von Grasse spezialisierten sich auf die Herstellung edler Salben, Seifen und Parfums. Denn eine gute Versorgung mit Wasser dient auch dem Pflanzenwuchs. Und nicht nur damit besaß Grasse optimale Voraussetzung für den Anbau von Blumen aller Art. Das Klima im Hinterland der Côte d'Azur ist ausgesprochen freundlich, es gibt den Luxus von 300 Sonnentagen pro Jahr.

Die hochspezialisierten Fachleute von Grasse genießen Weltruf. Niemand beherrscht die Kunst der Duftstoffgewinnung so wie sie. Jahr für Jahr extrahieren sie die kostbaren Essenzen aus 10.000 Tonnen unterschiedlichster Blüten, sie beliefern nicht nur Parfumhersteller weltweit, sondern auch die Kosmetikindustrie und Produzenten von Waschmitteln, Geschmacks- und Aromastoffen.

Und selbstverständlich komponieren sie auch exquisite Düfte. Es gibt an die vierzig Parfumhersteller in der Stadt, die bekanntesten davon sind Fragonard, Molinard und Galimard. In der Altstadt von Grasse verkaufen sie die Produkte ihrer Kunst, manche öffnen auch die Tore ihrer Werkstätten für Besucher oder bieten wie Molinard sogar Kurse zur Parfumherstellung an.

Die Lernenden dürfen dabei ihren eigenen Duft kreieren. Sie erfahren zunächst, was Kopfnote, Basisnote und Fußnote eines Parfums ausmacht und können dann ganz nach ihrer persönlichen Vorliebe verschiedene Essenzen mischen. Dazu gibt es reihenweise Gläser mit farbigen Flüssigkeiten, Messbecher, Pipetten und Papierstreifen, die zur Verkostung der Düfte dienen. Nun heißt es, die Augen schließen und allein das Aroma auf sich wirken lassen. Rose? Zitrone? Verbene? Manche Extrakte riechen eher abstoßend, Neroliöl und Moschus für sich genommen stinken sogar richtiggehend. Doch die exakte Dosis in der geeigneten Kombination, das ist es, was den Zauber eines Parfums bewirkt.

Wer das Erlernte vertiefen möchte, kann im Anschluss das weltweit einzige Parfummuseum besuchen. Hier erfahren die Besucher, welche komplizierten Verfahren zur Gewinnung der Duftextrakte angewendet werden. Spezialisten pressen die Schalen oder destillieren die Blüten, sie tränken die Pflanzen in Fett, um damit deren Duftessenz zu extrahieren. Das Museum zeigt eine Sinfonie aus Kupferbottichen, Glaszylindern, Handpressen, Destillen und kunstvollen Flakons.

Spätestens jetzt gewinnen wir eine Vorstellung davon, was ein Parfümeur leisten muss. Solch ein Profi heißt nicht umsonst auch einfach nur »Nase«. Gute Parfümeure können bis zu 3.000 Gerüche auseinanderhalten, präzise erkennen und gekonnt miteinander kombinieren. Sie müssen wissen, welche Düfte miteinander harmonieren und welche Symbiosen diese miteinander eingehen, wenn sie gemischt werden. So etwas schaffen weltweit nur um die tausend Personen, fünfzig der besten davon leben in Grasse.

Zweifelsohne hat Grasse bessere Tage erlebt. Die Stadt duftet an den meisten Stellen nach allem Möglichen, aber nicht nach Parfum. Die Altstadt von Grasse ist eng, dicht zusammengepfercht reihen sich die Bauten am Hang entlang aufwärts. Oft sind die Häuserschluchten nur wenige Meter breit, kein Sonnenstrahl dringt in ihre Tiefen.

Diese Wohnlagen sind heutzutage nicht mehr besonders begehrt. Folge davon ist, dass die Gebäude heruntergekommen sind oder gleich ganz leer stehen. Überall bröckelt der braungraue Putz, in den Ecken sammelt sich Schmutz. Nicht gerade ein Aushängeschild für die Stadt der Düfte, in die die Touristen mit ganz anderen Erwartungen strömen. Spätestens seit Patrick Süskinds Bestseller »Das Parfum« ist Grasse nämlich in ihr Visier gerückt. Sie kommen, um ein Paradies für die Sinne zu erleben, und sie finden morbiden Verfall.

Inzwischen haben die Verantwortlichen wohl bemerkt, dass sie dagegenhalten müssen, denn sie haben damit begonnen, die Altstadt sanieren zu lassen. Die Häuser erstrahlen in frischem Putz, Blumenampeln zaubern neuen Charme in die Stadt der Blüten.

Und spätestens, wenn wie jedes Jahr im Mai die »Expo Rose« stattfindet, versöhnen sich die Menschen mit Grasse. Dann verwandelt sich die ganze Stadt in ein Meer aus prachtvollen Rosen aller Art und versinkt tief in deren wollüstigem, schwül-süßen Parfum. Grasse ist eben doch die Welthauptstadt des Parfums.

La fougassette – Orangenbrot aus Grasse

Zutaten:

500 g Mehl
50 ml Olivenöl
1 El süßer Senf
50 g Zucker
3 Eier
50 g Hefe
10 cl Orangenblütenöl
1 unbehandelte Orange
10 g Salz
300 ml lauwarmes Wasser
Mehl zum Einstäuben
Olivenöl zum Einfetten
ein Wasserzerstäuber

Zubereitung:

Zunächst einen »Vorteig« herstellen. Dazu 100 g Mehl, den Zucker und 150 ml lauwarmes Wasser mit der Hefe gut vermischen. Den Teig in einer Schüssel mit einem Geschirrtuch abdecken und 40 Minuten an einem warmen Ort gehen lassen, sodass das Volumen sich verdoppelt.

Die Orange waschen und mit dem Zestenschneider die Schale dünn abschälen (nicht das Weiße verwenden, weil das bitter schmeckt). Die Schale fein hacken und die Orange auspressen.

Das restliche Mehl auf eine Arbeitsfläche streuen, in die Mitte eine Mulde drücken. Die Eier hineinschlagen, Salz, Orangenblütenöl und Senf dazugeben.

Den Vorteig durchkneten, das Olivenöl einarbeiten und den Teig auf die Masse auf der Arbeitsplatte geben. Nun nach und nach alle Zutaten miteinander verkneten, dabei so viel lauwarmes Wasser zugeben, bis ein feuchter, lockerer Teig entstanden ist. Mindestens fünf Minuten lang kräftig weiterkneten. Danach in eine Schüssel geben und erneut abgedeckt 40 Minuten gehen lassen.

Den Backofen auf 230°C vorheizen. Die Arbeitsfläche mit Mehl bestäuben, den Teig daraufgeben und erneut durchkneten. Dann ca. 1 cm dick ausrollen, in Quadrate von ca. 10 cm Seitenlänge schneiden, in die Mitte jeweils etwas Orangensaft träufeln und ein paar Orangenschalen daraufstreuen. Jeweils zwei Quadrate aufeinanderlegen und an den Seiten festdrücken.

Ein Backblech mit Olivenöl einstreichen, die Fladen darauflegen und mit etwas Olivenöl bepinseln. Mit Geschirrtüchern abdecken und 30 Minuten ruhen lassen. Anschließend in den Ofen geben und mit dem Wasserbestäuber kurz in den Ofen sprühen. 25 Minuten goldbraun backen. Fünf Minuten vor Ende der Backzeit noch einmal rasch mit dem Wasserbestäuber in den Ofen sprühen. Dadurch wird die Kruste knusprig.

Die Fladen aus dem Ofen nehmen, noch einmal mit Olivenöl bestreichen und auf einem Rost abkühlen lassen.

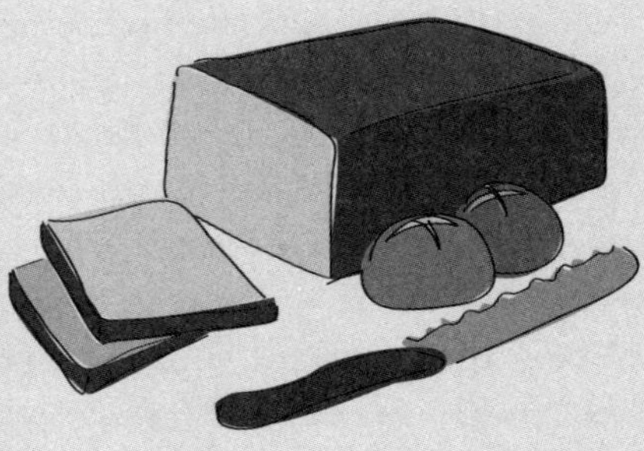

Gipfel der Individualisten – Mont Ventoux

Schneeweiß ragt seine Kuppe majestätisch in den Himmel. Ich komme aus Richtung der Ebene von Avignon, er wirkt wie ein Wesen aus einer anderen Welt – eben noch war ich am Meer, und plötzlich erhebt sich ein kolossaler Berg ganze 1.912 Meter in die Höhe! Eben noch empfand ich die Wärme fast schon als drückend, woher kommt jetzt der schneebedeckte Berg mitten im Hochsommer?

Da gibt es nur eins: Hinauffahren und es selbst herausfinden. Zu verlockend erscheint mir die Vorstellung, nach der Gluthitze mal kurz die Füße in frischen Schnee zu stecken! Die Südseite des Berges zieht sich relativ sanft empor, eine schmale Straße führt nach oben. Also nichts wie hinauf!

Doch kaum begebe ich mich auf diese Straße, sind sie wie emsige Insekten auf einer Ameisenstraße überall: unzählige Fahrradfahrer! Wie von einem geheimnisvollen Magneten angezogen strampeln sie bergauf, unaufhaltsam, unbeirrbar. Oder sie kommen mir auf der Gegenfahrbahn entgegen, lassen sich mit Höchstgeschwindigkeit in Richtung Tal rollen, die Gesichter teils gelöst und entspannt, teils scheinbar entrückt in die mir fremde Welt höchster sportlicher Triumphe. Was geht hier vor?

Ich bin am Mont Ventoux. Dieser Name bedeutete in einer uralten Sprache aus vorlateinischer Zeit so viel wie »von weitem sichtbarer Berg«. Den Kelten galt der Mont Ventoux wohl als ein heiliger Berg.

Später machte der italienische Dichter und Philosoph Francesco Petrarca den Gipfel berühmt, als er ihn im 14. Jahrhundert bestieg. Petrarca zeigte sich so überwältigt von dem spektakulären Panorama, welches sich ihm von der Höhe aus bot, dass er seine Denkweise radikal änderte: Fort von mittelalterlicher Abstraktion, mit der die diesseitige Welt nur als üble, aber notwendige Zwischenstation auf dem Weg ins ewige Leben betrachtet wird, hin zur individuellen Empfindung und zum subjektiven Naturerlebnis. Das ist spektakulärer, als es zunächst klingen mag, denn es bedeutete eine völlig neue und zur damaligen Zeit exotische Weltanschauung: die Empfindung der Schönheit der Natur als reiner Selbstzweck. Diese gewaltige Veränderung gilt heute als kulturhistorischer Schlüsselmoment auf dem Weg Europas vom Mittelalter in die Neuzeit. Und ganz nebenbei gilt Petrarca seitdem auch als der Vater aller Bergsteiger.

Es muss wohl ein vergleichbares individuelles Erlebnis sein, das die Radfahrer dazu anspornt, den 21 Kilometer langen Weg von Bédoin im Südwesten des Berges oder den etwas längeren vom östlich gelegenen Sault anzutreten und aufwärtszustrampeln. 1.600 Höhenmeter liegen vor ihnen und durchschnittliche 7,6 Prozent Steigung. Seit mehr als sechzig Jahren ist diese Strecke immer wieder ein Teilabschnitt der Tour de France. Der Mont Ventoux gilt sogar als einer der legendärsten Streckenabschnitte. Denn er stellt mit seinem langen und qualvollen Aufstieg eine wahrhaftige Herausforderung.

Seine schneeweiße Kuppe ist tatsächlich oft bis in den Mai hinein verschneit. Aber jetzt im Sommer ist es kein Schnee, der sie erstrahlen lässt, es ist das blankliegende Kalkgestein, aus dem der Gipfel besteht. In der Zeit vor der Französischen

Revolution haben die Menschen diesen ehemals dicht bewaldeten Berg gerodet, um aus dem Holz Schiffe für die gewaltige Flotte des Ancien Régime zu bauen. An den unteren Hängen des Berges wurde der Wald wieder aufgeforstet, doch im Bereich des Gipfels hatte die Erosion mit Wind und Wetter dem Erdreich keine Chance gelassen: Der Gipfel verkarstete. Kein Baum findet hier mehr nahrhaften Boden, der ihm sein Wachstum ermöglichen würde.

Und so ragt er nackt und weiß in den strahlend blauen Himmel, stets mehr oder weniger heftig vom Wind umweht. Es ist der Mistral, der den Gipfel das ganze Jahr hindurch mit kräftigen, eisigen Böen peinigt. Dieser kalte Fallwind jagt aus nordwestlicher Richtung von Irland und Schottland herkommend das Rhônetal entlang. Und er ist es, den die Radfahrer am Mont Ventoux am meisten fürchten. Denn auch bei großer Sommerhitze ist am Gipfel mit eisigem Sturmwind zu rechnen.

Deshalb fordert der Berg seine Opfer. 1955 fiel ein Rennfahrer vor Erschöpfung in Ohnmacht und konnte nur mit Mühe gerettet werden, 1967 brach ein englischer Radrennfahrer am Gipfel tot zusammen, und Radlegende Eddy Merckx musste drei Jahre später mit Sauerstoff beatmet werden, weil er nach seinem Etappensieg einen Schwächeanfall erlitt. Jedes Jahr gibt es unter den Radamateuren zahlreiche Tote durch Unfälle oder Überschätzung der eigenen Leistungsfähigkeit.

Da wäre es vielleicht angenehmer gewesen, an den Autorennen teilzunehmen, die ab dem Jahr 1900 auf der Strecke stattfanden. Wer die engen Kurven selbst einmal hinaufgefahren ist, ahnt, welchen Schwierigkeiten sich die Autorennfahrer hier stellten. Seit 1977 werden diese Rennen deshalb nicht mehr bis zum Gipfel ausgetragen, sondern enden bereits am Chalet Reynard, einem Bergrestaurant in 1.440 Metern Höhe.

Und seit 1990 gehört der Mont Ventoux zu den Biosphärenreservaten der UNESCO, um seine Pflanzenvielfalt zu schützen. Wer mit dem Moto-Cross oder Quad abseits der Wege im Naturreservat erwischt wird, dessen Fahrzeug wird beschlagnahmt. Bleiben wir also auf der Straße!

Endlich oben angekommen eröffnet sich mir Petrarcas Panorama. Und spätestens jetzt kann ich die Überwältigung des Dichters sehr gut verstehen. Richtung Nordosten genieße ich an diesem klaren Tag eine grandiose Aussicht auf die Gipfel der Alpen, im Südwesten flirrt die Hitze über den grünen Tälern der Provence, und im Hintergrund glitzert das Meer. Bei sehr klarem Wetter sind in der Ferne sogar die höchsten Spitzen der Pyrenäen zu erahnen. Der schneeweiße Gipfel des Mont Ventoux gleißt fast überirdisch vor diesem Rundblick.

Die Straße zieht sich ein Stück weit über den Grat hinweg, das ist der von Radfahrern gefürchtete »Sattel der Stürme«. Oben gibt es ein Observatorium, Sendeanlagen und ein Brasserie-Lokal für erschöpfte Radfahrer und Autotouristen. Es gibt auch Stände mit provenzalischen Spezialitäten zu astronomischen Preisen.

Auf der Weiterfahrt über die Nordseite des Berges geht es durch blühende Wiesen mit atemberaubender Blumenvielfalt wieder hinab in die bewaldeten Regionen. In diesen Wäldern der Nordseite gedeihen hochbegehrte Trüffel, die die Speisekarten der Restaurants im Tal bereichern.

Die 21 Kilometer lange Strecke führt hinunter nach Malaucène, wo Petrarca nach seiner Gipfelbesteigung im Jahre 1336 übernachtete und das Erlebte auf sich wirken ließ. Er besaß weder Fahrrad noch Auto, und noch heute tun die wahren Genießer es ihm gleich. Schöne Wanderwege führen durch die Wälder hinauf auf den kegelförmigen Gipfel, in dem die Kelten den Palast eines Windgottes vermuteten. Zahlreiche

Artefakte, die auf dem Berg gefunden wurden, erzählen davon. So war es nicht Petrarca, der den Berg als erster bestieg, die Kelten kannten den erhabenen Blick vom Gipfel schon lange vor ihm. Wer kann es ihnen verdenken, wenn sie darin die Göttlichkeit zu erkennen glaubten?

Velouté de potiron aux truffes – Kürbissuppe mit Trüffeln

Zutaten für 4 Personen:

1 nicht zu großer Hokkaido-Kürbis (ca. 1 kg)
100 g Butter
250 g Crème fraîche
200 ml milder Weißwein
80 g schwarze Trüffel
Salz
Pfeffer

Zubereitung:

Den Kürbis waschen, teilen und die Kerne entfernen. Anschließend grob in Stücke schneiden. Hokkaido-Kürbis braucht nicht geschält zu werden.

Die Kürbisstücke zusammen mit dem Weißwein in einem Topf aufkochen, die Hitze reduzieren und den Kürbis 10 Minuten lang im Wein köcheln lassen. Danach mit dem Passierstab zerkleinern. Butter und Crème fraîche unterrühren, mit Salz und Pfeffer würzen.

Die Trüffel trocken abbürsten und hobeln. Die Hälfte der Hobelstreifen unter die Suppe heben und bei ganz milder Hitze 5 Minuten ziehen lassen, dabei auf keinen Fall aufkochen.

Die Suppe auf Tellern anrichten und mit den restlichen Trüffelhobeln bestreuen.

Mit frischem Baguette servieren.

Wie Gott in Frankreich – das Essen in der Provence

Nun werde ich schwelgen wie Gott in Frankreich – so dachte ich, als ich mich auf der Terrasse des kleinen Restaurants unter einer ausladenden alten Platane niederließ. Die Spätnachmittagssonne verzauberte die Szenerie mit ihrem warmen Licht, wohlige Entspannung und südländische Leichtigkeit lagen in der Luft. Zwar irritierte mich die Speisekarte ein wenig, weil ich mit meinem rudimentären Französisch nur wenig verstand. Es wurde auch nicht besser, als der Kellner kam, um die Bestellung aufzunehmen, denn obwohl das Restaurant in einem von Touristen hochfrequentierten Ort lag, sprach er kein Wort Englisch, geschweige denn irgendeine andere Fremdsprache. Irgendwie gelang die Bestellung trotz allem, doch das servierte Essen riss mich aus all meinen provenzalischen Gourmetträumen: das Fleisch fast roh, das Gemüse verkocht, lieblos gewürzt und trostlos im Fett herumschwimmend. Sollte das die vielgepriesene französische Küche sein?

Tatsächlich ist es schwer, auf den ausgetretenen Touristenpfaden ein Restaurant mit gutem Essen zu finden. Wer die provenzalische Küche entdecken will, sollte nach kleinen, familiengeführten Tavernen abseits der großen Routen Ausschau halten. Und hilfreich ist es, im Französischunterricht gut aufgepasst oder zumindest einen guten Sprachführer oder eine entsprechende App bei sich zu haben. Tatsächlich sprechen auch jüngere Leute oft ausschließlich Französisch.

Die Sonne zeigt sich spendabel im Süden von Frankreich. Dieses Land ist gesegnet, hier reifen Obst, Gemüse und Kräuter unter den besten denkbaren Bedingungen. Das Resultat sind wahre Geschmacksexplosionen, jedes einzelne Kräutlein gibt alles, was es an Aroma zu bieten hat. Sie werden das im deutschen Supermarkt erhältliche Basilikum vergessen, wenn Sie einmal das kleinblättrige provenzalische gekostet haben! Tomaten, Zucchini, Artischocken, Auberginen, Paprika, Pilze, Knoblauch und Zwiebeln sind die Stars der provenzalischen Küche, fein aromatisiert mit Thymian, Rosmarin, Basilikum, Salbei, Fenchel und Lorbeer. Die Bauern konnten sich in früheren Zeiten nicht viel Fleisch leisten, deshalb beherrschen die Gemüse in all ihrer Vielfalt die Küche der Provence. Basis der Gerichte ist das herrlich würzige Olivenöl, das die allgegenwärtigen Haine mit ihren teilweise uralten knorrigen Ölbäumen hervorbringen. Und natürlich begleitet die Mahlzeit ein guter hausgekelterter Wein.

Zartes Lammfleisch, Rind, Fisch und Geflügel wie Perlhuhn oder Taube bereichern die Hauptmahlzeit. Der Blick in die Speisekarte eröffnet allen Nichtfranzosen ein fremdes Universum: Die Bezeichnungen von Fleischstücken lassen sich oft überhaupt nicht ins Deutsche übersetzen, weil Schlachttiere hier ganz anders zerlegt werden. Allein das Rinderfilet besteht aus mehreren Teilen mit jeweils anderem Namen. Schauen Sie sich die Bezeichnungen auf der Speisekarte sehr genau an. Wenn Sie »pieds paquets« bestellen, wird man Ihnen Schweinefüße servieren. Und »andouillette« bezeichnet eine recht derbe Grillwurst aus allerhand Innereien.

Entlang den Küsten sind Fisch und Meeresfrüchte wichtige Bestandteile des Speiseangebotes. Da finden sich Muscheln und Meeresschnecken, Hummer oder Taschenkrebse. Außerdem gibt es Käsespezialitäten aus Ziegen- und Schafsmilch.

Einer der bekanntesten Ziegenkäse ist der Banon, ein kleiner runder Ball, der von Kastanienblättern umwickelt reift. Er kommt aus der Region Alpes-de-Haute-Provence und wird in unterschiedlichen Reifestadien angeboten. Der Brousse ist ein weicher Frischkäse aus Ziegenmilch, den es im Frühling und im Herbst auf den zahlreichen Märkten zu kaufen gibt. Man verzehrt ihn mit Lauchzwiebeln und Baguette oder aber zum Dessert mit Honig, Nüssen und frischen Feigen. Daneben existieren noch Sorten wie der Abondance, ein nussiger Rohmilchkäse, Confit d'Epoisses, ein Streichkäse mit kräftigem Aroma oder verschiedene Sorten des Weichkäses Tomme. Den besten Käse gibt es auf den Märkten oder aber direkt beim Bauern. Hülsenfrüchte, Getreide und saftige, süße Früchte runden den Speiseplan ab.

All das sorgt dafür, dass die Bewohner der Provence die höchste Lebenserwartung von ganz Frankreich haben. Kein Wunder, dass sich auch die meisten Spitzenköche des Landes in dieser Region betätigen, finden sie doch hier die denkbar besten Zutaten für ihre Kreationen.

Wie in allen mediterranen Ländern ist das Frühstück auch in der Provence das einzige Stiefkind unter den Mahlzeiten. Dort, wo noch keine italienische Kaffeemaschine Einzug gehalten hat, ist das, was als »café« bezeichnet wird, eine bittere, dünne Plörre, die nur durch die großzügige Beigabe von Milch genießbar wird. Und schon wird daraus »café au lait«. Dazu gibt es Weißbrot und Marmelade, eventuell Butter und gelegentlich mal ein Croissant.

Ganz anders sieht es dann schon zur Mittagszeit aus. Traditionell gibt es drei Gänge, erst die »hors d'œuvres«, anschließend den Hauptgang und danach Käse oder eine Süßspeise, selbstverständlich immer von Wasser und Wein begleitet. Doch diese Tradition schwindet, immer mehr Franzosen begnügen sich mittags mit einem Salat oder gar mit Fast Food wie den auch hier allgegenwärtigen Hamburgern, Pizzen oder Lasagnen.

Aber es wäre nicht die Provence, wenn sie nicht ihre eigene Antwort auf das Fast Food gefunden hätte: In Cavaillon, einer zwischen Avignon und Marseille gelegenen Ortschaft, wirkte bis vor kurzem der Maître du Cuisine Jean-Jacques Prévôt im gleichnamigen Restaurant und servierte den »Mac Prévôt«, eine Hamburgerkreation mit Zutaten wie Melonenkernketchup, Artischockenscheiben, Basilikumsauce, Gänsestopfleber und Parmesankruste, dazu Scheiben der Cavaillon-Melone. Diese Melone wird ausschließlich hier in einem geografisch eng begrenzten Gebiet angebaut. Sie darf nur auf Feldern gezogen werden, die von der Gewerkschaft geprüft und genehmigt wurden, umweltfreundlich und unter ständiger strenger Qualitätskontrolle. Von Fast Food zur Mittagszeit kann nun überhaupt keine Rede mehr sein.

Die Hauptmahlzeit des Tages findet am Abend statt, und zwar niemals vor 20 Uhr. Wenn es ein authentisches provenzalisches Festmahl sein soll, wird Zeit benötigt. Für den Rest des Abends sollten Genießer nichts anderes mehr vorhaben. Denn das Essen will zelebriert sein. Innerhalb der nächsten drei Stunden wird ein Gang nach dem anderen serviert, von den »amuse-gueule«, den Appetithäppchen, bis zum Digestiv und der »zeste de citron«, der hauchdünnen Zitronenschale, die das Dessert begleitet.

Dazu gibt es die edlen Weine der Region mit der kontrollierten Herkunftsbezeichnung »AOC«, seien es berühmte Tropfen wie Châteauneuf-du-Pape aus dem Rhônetal, Gigondas, Bandol, Cassis, Château Revelette, Palette oder die anderen Spitzenlagen der Provence, die selbstbewusst gegen die Konkurrenz aus Bordeaux oder Burgund antreten. Die Roséweine der Provence sind legendär, und wenn es ein einfacheres Restaurant ist, genügt auch ein offener Tafelwein zusammen mit der Karaffe Wasser, die hier ganz selbstverständlich kostenlos auf den Tisch gestellt wird. Sie gehört genau wie der Korb mit Weißbrot zur Mahlzeit dazu. Und wie überall im Süden gibt es eine Rechnung pro Tisch. Speisen Freunde gemeinsam, dann wird die Summe ganz unkompliziert geteilt, ohne sich gegenseitig den Verzehr mühsam aufzurechnen.

Die berühmtesten Exportschlager der Küche der Provence sind die »Bouillabaisse« genannte Fischsuppe aus Marseille, die aus verschiedenen Fischsorten besteht und mit geröstetem Weißbrot, den »Croûtons«, verzehrt wird. Auch bei uns bekannt sind außerdem »aïoli«, eine Knoblauchmayonnaise, »tapenade«, eine Paste aus Oliven, Kapern und Sardellen, der »salade niçoise«, eine seit 1884 bekannte Salatgarnitur mit Tomaten, Sardellen, Oliven, Eiern und Thunfisch, und natürlich »ratatouille«, ein schmackhafter Gemüseeintopf aus Auberginen, Paprika, Tomaten, Zucchini, Zwiebeln, Knoblauch und vielen Kräutern. Außerdem gibt es zahllose regionale Spezialitäten wie das »bœuf gardiane«, ein Gulasch aus der Camargue, oder Süßigkeiten wie den weißen Nougat aus Montélimar und Sault oder die kandierten Früchte aus Apt. Wird ein Gericht »à la provençale« serviert, so kommt es mit Tomatensauce und Kräutern auf den Tisch.

Auf den Märkten gibt es hausgemachte Salami, würzigen Käse und köstlichen Honig, wobei der Lavendelhonig zu den begehrtesten Sorten gehört. Mit Lavendel werden in dessen Anbaugebieten auch zahlreiche Desserts, Eissorten oder Limonaden verfeinert.

Der Star unter den Gewürzen sind natürlich die »Kräuter der Provence«. Sie werden in unterschiedlichen Zusammensetzungen angeboten, genau wie beim Curry hat hier jeder

Kräutermischer sein eigenes, streng gehütetes Geheimrezept. In der Regel werden Rosmarin, Thymian, Oregano, Bohnenkraut und Majoran verwendet, oft kommen auch noch Estragon, Basilikum, Fenchel, Lorbeer, Salbei oder Kerbel hinzu, wobei die jeweiligen Mengen ganz nach Geschmack variiert werden. Die Bezeichnung »Kräuter der Provence« ist nicht geschützt, die bei uns angebotenen Mixturen kommen deshalb in den seltensten Fällen aus der Provence, sondern vielmehr aus den Balkanländern oder dem Maghreb. Wird dann noch Lavendel daruntergemischt, um die Würzmischung besonders authentisch erscheinen zu lassen, kommt sie ganz bestimmt nicht aus der Provence, dort ist die Verwendung von Lavendel in dieser Form nämlich ganz unüblich.

Ein so dummer Fehler wie der enttäuschende Besuch im Touristenlokal, von dem ich zu Anfang dieses verführerischen Exkurses in die Küche der Provence erzählt habe, wird mir nicht mehr passieren. Ich bin ja nicht auf den Kopf gefallen – beim nächsten Mal reise ich in Begleitung einer sprachkundigen Freundin!

Ratatouille – provenzalischer Gemüseeintopf

Zutaten für 4 Personen:

2 mittelgroße Auberginen
3 kleine Zucchini
2 gelbe Paprika
1 rote Paprika
1 große rote Zwiebel
2 kleine Zwiebeln
6 reife Tomaten
4 Knoblauchzehen
1 Bund Basilikum
4 Zweige Thymian
2 Zweige Rosmarin
4 Stängel Blattpetersilie
8 Salbeiblätter
6 Zweige Estragon
reichlich Olivenöl
Salz, Pfeffer, Kreuzkümmel
250 ml trockener Rotwein

Zubereitung:

Die zwei kleinen Zwiebeln würfeln und in heißem Olivenöl anbraten, mit Salz, Pfeffer und etwas Kreuzkümmel würzen. Auberginen, Zucchini und Paprika waschen, Zucchini und Auberginen in dünne Scheiben schneiden, die Paprika in Streifen. Die Knoblauchzehen fein würfeln. Die rote Zwiebel in dünne Ringe schneiden. Jedes Gemüse separat in heißem Olivenöl braten, bis es gar und leicht gebräunt ist. Jeweils mit Pfeffer und Salz würzen.

Die Kräuter waschen, Thymian-, Petersilien-, Basilikum- und Estragonblättchen sowie Rosmarinnadeln von den Zweigen zupfen und zusammen mit den Salbeiblättchen fein hacken.

Anschließend das Gemüse in einem Topf oder einer hohen Auflaufform übereinanderschichten, erst die Paprika, dann die Auberginen, die Zwiebeln, den Knoblauch und die Zucchini. Dabei jeweils Kräuter dazwischenstreuen.

Zum Schluss die gewaschenen und gewürfelten Tomaten und die restlichen Kräuter darübergeben, den Rotwein zugießen und noch einmal etwas Salz und Pfeffer darüberstreuen. Bei 180°C Grad abgedeckt etwa 30 Minuten im Backofen ziehen lassen. Nicht umrühren.

Mit knusprigem Baguette und trockenem Rotwein servieren.

Crème brûlée au safran

Zutaten für 4 Personen:

500 ml Sahne
30 ml Milch
50 g weißer Zucker
50 g brauner Zucker
6 Eigelbe
30 g Speisestärke
1 Tl Safranfäden
Salz

Zubereitung:

Am besten bereitet man die Crème brûlée bereits am Vortag zu, um ihr Zeit zum Festwerden zu geben.

Die Safranfäden im Mörser zerdrücken und mit der Milch vermischen. Die Eigelbe mit dem weißen Zucker, der Stärke und einer Prise Salz gut verquirlen. Die Sahne erhitzen, bis sie fast kocht, dann die Eigelbmischung mit dem Schneebesen nach und nach einrühren. Bei schwacher Hitze unter ständigem Rühren vorsichtig eindicken lassen. Sollte die Masse zu heiß werden und deshalb gerinnen, sofort vom Herd nehmen und kräftig schlagen, sie wird dann wieder glatt. Zum Schluss die Safranmilch unterrühren.

Auf Portionsschälchen verteilen, abkühlen lassen und abgedeckt in den Kühlschrank stellen.

Eine Stunde vor dem Servieren aus dem Kühlschrank nehmen, damit die Crème Zimmertemperatur annimmt.

Kurz vor dem Servieren mit dem braunen Zucker bestreuen und diesen mit dem Crème-Brûlée-Brenner schmelzen.

Der Playboy und das Sexsymbol – Sommer in Saint-Tropez

Draußen auf dem leuchtend blauen Meer jagt ein Motorboot dahin. Es ist ein schnittiges Modell aus edlem Mahagoniholz, und es rast mit Höchstgeschwindigkeit dem Horizont entgegen. Immer weiter in Richtung Westen, wo die Nachmittagssonne so hell vom Himmel strahlt, als wolle sie das Leben mit all der Kraft feiern, die ihr innewohnt. Ein Leben auf der Überholspur! Das Boot braust mit vollem Schub über die Wogen, als sei der letzte Tag angebrochen, und als gelte es, aus diesem auch noch das Allerletzte herauszuholen. Um die Existenz in ihrer gesamten Intensität auszukosten.

Das Ruder des Bootes ist festgebunden, denn sein Steuer ist verwaist. Eine Champagnerflasche ragt aus einem Eiskübel auf dem kleinen Tisch im hinteren Bereich des Boots, zwei Gläser, halb geleert, eine Spur von feuerrotem Lippenstift an einem der beiden. Auf dem weichen Lederpolster der Achterbank lieben sich zwei Menschen. Sie haben Zeit und Ort vergessen und auch das Tempo, mit dem jeder Augenblick verrinnt. Zu zweit allein auf dem endlosen Meer, losgelöst und frei. Könnte es einen berauschenderen Moment geben?

Die beiden sind Gunter Sachs und Brigitte Bardot. Er hat ihr Herz im Sturm erobert, denn er hat ein Meer von roten Rosen über dem Garten ihrer Strandvilla hinabregnen lassen. Bald werden sie heiraten, nicht hier in Saint-Tropez, wo Gunter

Sachs eine ganze Hoteletage für sich und seine Freunde angemietet hat, sondern in Las Vegas, in einem Rausch von Glitzer, Glamour und Schnelllebigkeit. Danach werden sie nach Saint-Tropez zurückkehren, wo sie das Leben als ein einziges Fest feiern, frei von allen Konventionen, umgeben von Freunden wie Juliette Gréco, Andy Warhol oder Pierre Brice.

Es ist das Jahr 1966. Gunter Sachs ist 33 Jahre alt. Hinter ihm liegt der Versuch eines Lebens in Normalität. Doch dieser Versuch ist schmerzhaft gescheitert.

Er stammte aus einer mehr als nur wohlhabenden Familie. Sein Vater war Eigner eines Industriekonzerns, sein Urgroßvater mütterlicherseits der Gründer der Autofirma Opel. Gunter studierte und bereitete sich auf eine Karriere im väterlichen Unternehmen vor. Er heiratete und bekam einen Sohn.

Doch 1958 brach dieser Lebensplan in sich zusammen. Sein depressiver Vater beging Suizid, seine junge Frau starb durch einen Kunstfehler bei einer Operation. Unvermittelt fand er sich als Erbe eines fantastischen Vermögens – und allein. Das Leben war nur ein zerbrechliches Gut. Gunter Sachs beschloss, fortan jede Sekunde davon auszukosten, jeden einzelnen Augenblick so intensiv zu nutzen, wie nur irgend möglich.

Von dieser Zeit an tat er nur noch, was ihm gefiel. Er wurde Fotograf, Kunstsammler, Boutiquenbesitzer und Dokumentarfilmer, und wenn er die Lust dazu verspürte, versuchte er es mit Astrologie oder als Bobrennfahrer. Vor allem aber wurde er eines: Deutschlands Playboy Nummer eins. Die Boulevardpresse stürzte sich gierig auf ihn. Wo immer er auch hinreiste, die Paparazzi erwarteten ihn schon. Dabei ließ er sie nicht zu kurz kommen, wie beispielsweise seine Affäre mit der persischen Exkaiserin Soraya im Sommer 1962 bewies.

Und dann kam er nach Saint-Tropez. Der zauberhafte Charme des kleinen Fischernests an der Côte d'Azur hatte es ihm sofort angetan. Da fand er sich in einer Reihe mit Künstlern wie Paul Signac oder Henri Matisse, die das besonders warme und zugleich intensive Licht dieser Region schon Ende des 19. Jahrhunderts für sich entdeckt hatten. Ihnen folgten andere Künstler, hier experimentierten sie mit neuen Techniken wie dem Pointillismus oder dem Fauvismus.

Der kleine Jachthafen der Ortschaft tat seit den Fünfzigerjahren des vergangenen Jahrhunderts ein Übriges dazu und zog die Schickeria aus Europa und Amerika geradezu magisch an. Exklusive Clubs entstanden, in denen sich die Reichen und die Schönen der damaligen Zeit die Klinke in die Hand gaben, außerdem luxuriöse Restaurants, edle Boutiquen und feine Hotels. Das ideale Umfeld für einen aufstrebenden Lebemann!

Ist es verwunderlich, dass dieser außergewöhnliche Flecken Erde auch die zur damaligen Zeit berühmteste und begehrteste Französin anzog wie das Licht eine Motte? Brigitte Bardot war eine der meistfotografierten Frauen jener Zeit. Sie stellte für die Franzosen nichts anderes als eine Ikone dar. Die Büste der Nationalheldin Marianne, die in den Rathäusern des Landes aufgestellt ist, wurde damals nach ihren Zügen modelliert. Und nicht nur Frankreich lag ihr zu Füßen! Sie kam im Sommer nach Saint-Tropez, um das Licht ihres Glamours mit dem ohnehin schon grandiosen Licht dieses Ortes zu vereinen – die Welt stand Kopf! Aber mehr noch, Brigitte zeigte sich im Bikini – hochgewagt in jener Zeit, die Welt hielt den Atem an! Alle Augen richteten sich auf Saint-Tropez.

Die Deutschen entdeckten dort entzückt die blonde Prinzessin mit dem Schmollmund, doch außerdem auch den allseits mit Neid und Skepsis beäugten Gunter Sachs. Und ausgerechnet diesem wandte sich die Schöne zu – die Boulevardpresse entdeckte eines ihrer herausragendsten Themen des Jahrzehnts! Der Bikini wurde mit einem Schlag populär, und nicht nur das: Saint-Tropez wurde über Nacht berühmt, es geriet zum Symbol für den Jetset schlechthin. Den Ruhm des Ortes mehrten zusätzlich die äußerst erfolgreichen Klamaukfilme mit Louis de Funès um den »Gendarm von Saint-Tropez«, die ebenfalls in dieser Zeit entstanden.

Die Ehe von Brigitte Bardot und Gunter Sachs hielt nur drei Jahre. Die Bardot zog keinen Bikini mehr an, sondern wandte sich dem Tierschutz, aber auch dem rechtsnationalistischen Gedankengut des Front National zu. Gunter Sachs lebte weiter intensiv, exzentrisch, jedoch auch engagiert bis zu seinem Freitod im Jahr 2011. Wer ihn persönlich kannte, beschrieb ihn als hilfsbereit und äußerst generös, auch gegenüber völlig Fremden.

Und nur am Rande: Die Büste der Marianne erhält alle paar Jahre neue Gesichtszüge. Schon 1972 ging die Ära von Brigitte Bardot als Ideal der Nationalheldin vorüber, ihr folgten zahlreiche andere, darunter Catherine Deneuve, Sophie Marceau oder auch Mireille Mathieu.

Was geblieben ist, ist der Ruf von Saint-Tropez. Im Hafen tummeln sich noch heute die exklusivsten Jachten, die auf dem Mittelmeer herumcruisen, und durch die Gassen drängen sich Touristen, die darauf hoffen, wenigstens die Spur eines Atemhauchs der Reichen und Schönen als Souvenir aus Saint-Tropez mit nach Hause zu nehmen.

Sorbet tropèzienne – Champagnersorbet

Zutaten für 4 Personen:

1 Flasche Champagner
1 unbehandelte Limone
150 g Zucker
150 ml Wasser
frische Minze
Zucker

Zubereitung:

Das Wasser in einem Topf mit dem Zucker vermischen und langsam aufkochen lassen, bis der Zucker vollständig aufgelöst ist. Abkühlen lassen.

Die äußere grüne Schale der Limone dünn abreiben. Zwei Drittel des Champagners zusammen mit dem abgekühlten Zuckerwasser und dem Schalenabrieb der Limone in die Eismaschine füllen und zu Sorbet gefrieren lassen.

Von der Minze jeweils vier Blattpaare abzupfen. Vier Champagnerschalen bereitstellen. Eine Schüssel mit größerem Durchmesser als eine Champagnerschale mit Zucker füllen. Die Limone auspressen, den Saft in eine weitere Schüssel gießen, die ebenfalls einen etwas größerem Durchmesser als eine Champagnerschale hat. Nun die Gläser zunächst so in den Saft tauchen, dass sie rundum am Rand damit benetzt sind, anschließend kurz in den Zucker tauchen.

Das fertige Sorbet auf die Gläser verteilen und mit dem restlichen Champagner auffüllen. Mit den Minzeblättchen dekorieren und sofort servieren.

Im Rausch der Farben – die Ockerfelsen von Roussillon und Rustrel

Tief im Inneren einer Höhle leuchtet eine Steinlampe und verbreitet flackerndes Schummerlicht. Es brennt das Fett eines erlegten Wisents in dieser Lampe, als Docht dient ein Wacholderzweig. Ein Mann mit dichtem schwarzem Bart kniet vor der Höhlenwand, vertieft in seine Arbeit betrachtet er konzentriert das Bild, das unter seinen Händen entsteht. Eine ganze Reihe von hölzernen Tiegeln ist vor ihm aufgebaut, darin befinden sich Tonerden in den verschiedensten Schattierungen, von strahlendem Rostrot bis hin zu leuchtendem Gelb, alle vermischt mit dem Fett des Wisents. Der Bärtige malt mit einem Zweig, den er geschickt so angekaut hat, dass der dünne Ast unten ausgefranst ist und er ihn wie einen Pinsel verwenden kann. Aber er nimmt auch seine Finger zu Hilfe, um die Flächen mit Farbe zu füllen, und manchmal benutzt er ein Schilfrohr und pustet die Farben damit direkt gegen die Wand.

Nach einer Weile erhebt er sich und tritt ein Stück zurück. Die Schatten der kleinen Felsvorsprünge tanzen im Licht der Steinlampe und hauchen seinem Gemälde Leben ein. Er hat eine Gruppe von Pferden gemalt, die nun über die Wand zu galoppieren scheinen, wild und kraftvoll, ganz wie in der Wirklichkeit. Der Mann nickt zufrieden.

Er ist der Schamane seines Stammes und ein Künstler. Mit seinem Werk huldigt er den Geistern der verstorbenen Jäger, von denen sein Volk glaubt, dass sie in den Höhlen leben. Er schenkt ihnen die Pferde, dafür danken sie ihm mit ihrer Jagdmagie und werden den Jägern des Stammes auf ihrer nächsten Hatz reiche Beute schenken.

Überall in Südfrankreich entstanden während des Jungpaläolithikums solche Höhlenmalereien. Diese Epoche nahm ihren Anfang vor etwa 40.000 Jahren, als der Homo sapiens Europa dauerhaft zu besiedeln begann, und dauerte bis zum Ende der letzten Eiszeit vor knapp 10.000 Jahren. Natürlich gibt es heute nur noch Spekulationen darüber, welchem Zweck die zahlreichen Höhlenmalereien wirklich dienten. Sie zeigen die Beutetiere der steinzeitlichen Jäger: Pferde, Wisente, Fische, Robben, Steinböcke und Vögel. Als Farben dienten Holzkohle, Blut, Milch und Harz, besonders geschätzt wurden aber farbgebende Mineralien. Und unser Schamane genoss ein bemerkenswertes Privileg: Er verfügte über die bunten Erden von Rustrel!

Hier, im Departement Vaucluse zwischen Rustrel und Roussillon, leuchtet die Erde in allen Farbgebungen, die die Ockerfelsen hervorbringen: Brillantes Rot, strahlendes Orange und intensives Gelb wechseln mit blassen Beige- und Brauntönen, je nach Lichteinfall erscheinen die Farben mitunter fast grün oder violett. Diese Erdfarben entstehen durch Gemische aus Brauneisenstein, Tonmineralien, Quarz und Kalk in unterschiedlichen Zusammensetzungen. Sie sind absolut lichtfest, wetterbeständig und mit jedem Bindemittel anwendbar. Ihre hervorragenden Eigenschaften erkannten schon die Menschen der Steinzeit und nutzten den Ocker für Höhlenmalereien. Die Römer schätzten den französischen Ocker später zur Ausgestaltung ihrer Innenräume mit kunstvollen Wandmalereien. Das kleine Dorf am Fuße des Luberon-Massivs, in dem die Farbe zu ihrer Zeit abgebaut wurde, nannten sie »vicus russulus« – rotes Dorf, das heutige Roussillon. Doch mit dem Ende des Römischen Reichs geriet der Ocker in Vergessenheit.

Erst Jahrhunderte danach bemerkten die Menschen wieder, was für ein künstlerisch bedeutsamer Schatz in den Bergen bei Rustrel verborgen lag. Sie begannen mit dem industriellen Abbau. Die Tonerden wurden dazu mit Wasser ausgeschlämmt, in Klärbecken gereinigt und mit Hilfe von Windmühlen von allen Fremdstoffen befreit. Der »Goldocker« von Roussillon geriet zum Kassenschlager und gab als das typische Barockgelb einer ganzen Epoche ihren dominierenden Farbton. Die Farbspiele des provenzalischen Ockers sind phänomenal, bis zu zwanzig verschiedene Tongebungen lassen sich hier gewinnen.

Heute jedoch werden Ockertöne durch Mischung von Eisenoxiden mit Trägersubstanzen in der Regel künstlich hergestellt. Der Abbau von Ocker wurde unwirtschaftlich und findet nur noch in ganz geringem Umfang statt. Diese echten Naturfarben sind besonders wertvoll und von Künstlern sehr begehrt.

Das pittoreske Dorf Roussillon thront auf einem Ockerfelsen und zeigt seinen Besuchern noch heute voller Stolz den Schatz, auf dem es sich begründet hat. Denn die Fassaden seiner Häuser erstrahlen in all den prächtigen Ockertönen, mit denen der Untergrund die Bewohner beschenkt.

Eine kleine Farbenfabrik öffnet ihre Tore für Besucher und gibt Einblicke in die Geheimnisse der Herstellung verschiedenster Ockerfarben. Ein Ockerlehrpfad führt durch die Ockerfelsen in all ihrer Herrlichkeit. Hier erwartet die Spaziergänger ein grandioses Farbspiel der Natur. In jedem erdenklichen Ockerton ragen wie Skulpturen die bizarrsten Formationen in den Himmel, die die Erosion aus den weichen Ockererden herausgespült hat.

Vergessen Sie bei Ihrem Rundgang aber nicht, gutes Schuhwerk zu tragen, und wundern Sie sich danach nicht über den feinen Ockerstaub, der sich auf allen Utensilien niedergelassen hat.

Der Blick vom Aussichtspunkt oder vom Friedhof des Ortes über die Ockerfelsen ist phänomenal. Ihre volle Wirkung entfaltet die Farbenpracht in der Spätnachmittags- und Abendzeit, wenn sich die Ströme der zahlreichen Besucher langsam aus Roussillon verziehen. Das Spiel von Licht und Schatten zaubert in diesen Stunden unglaubliche Farbkompositionen in die Landschaft.

Zwischen Roussillon und Rustrel gibt es ein altes Ockerbergwerk, das im Rahmen einer Führung besichtigt werden kann. Bis zu 15 Meter hohe Gänge führen mit einer Gesamtlänge von an die 40 Kilometern in die unterirdische Ockerwelt. Doch keine Bange, der für Besucher ausgewiesene Teil umfasst nur 650 Meter.

Von Rustrel aus geht es dann weiter in den Colorado von Rustrel. Diese ehemaligen Ockerbrüche sind vielleicht noch prächtiger als die Ockerfelsen von Roussillon. Wie Nadeln ragen die Formationen am Chemin des Fées, dem »Feenpfad«, in den Himmel empor. Die Intensität der Farben ist überwältigend. In dieser Landschaft mit ihren weitläufig verteilten Ockerfelsen kann man wunderbare Wanderungen unternehmen und dabei in einer großartigen Farbsinfonie schwelgen. Sie ist eine wahre Augenweide und ein Paradies für Fotografen.

Der Ausflug in die Welt der Ockererden sollte aber unbedingt an einem sonnigen Tag unternommen werden. Erst das Licht der Sonne bringt die Pracht zur vollen Entfaltung. Bei 300 jährlichen Sonnentagen dürfte das allerdings nicht schwerfallen.

In den Weltkriegsjahren zwischen 1942 und 1945 versteckte sich übrigens Samuel Beckett in Roussillon vor der deutschen Wehrmacht. Es muss eine finstere und beängstigende Zeit für den irischen Schriftsteller gewesen sein, in die selbst die prachtvollen Farben von Roussillon kaum Licht zu zaubern vermochten. In lähmender Starre wartete er hier auf eine ungewisse Zukunft, ohne erahnen zu können, was sie bringen möge, sei es Schrecken oder Erlösung. Und ohne zu wissen, wann diese Zukunft heranbrechen, ja, ob sie überhaupt jemals kommen würde.

Dieser Zeit der erzwungenen Handlungsunfähigkeit setzte Beckett in seinem berühmtesten Werk ein Denkmal: »Warten auf Godot«. Wenn Sie das nächste Mal bei einer Aufführung dieses Theaterstücks über die scheinbar unsinnigen Dialoge der beiden Protagonisten nachdenken, die im ausweglosen Dauerzustand des Wartens gefangen sind, dann denken Sie auch an die Farbenpracht von Roussillon. Wie sinnlos und absurd erscheint die Situation der Menschen vor der Wunderwelt der Natur!

Tapenade – eine Olivenpaste

Zutaten:

8 Anchovisfilets (Sardellenfilets)
3 Knoblauchzehen
50 g Kapern
200 g schwarze Oliven (entkernt)
3–4 Stängel Blattpetersilie
3 El Olivenöl

Zubereitung:

Die Anchovis mit lauwarmem Wasser gründlich spülen und in Stücke schneiden. Kapern und Oliven gut abtropfen lassen, die Oliven grob in Stücke schneiden. Die Petersilienblättchen abzupfen und hacken, ein Blättchen zum Dekorieren aufheben. Die Knoblauchzehen schälen und in Stücke schneiden.

Nun in einem Steinmörser zunächst die Knoblauchzehen zerdrücken, dann die Anchovis, die Kapern und schließlich die Oliven dazugeben und gut kleinmörsern. Dabei Petersilie und Olivenöl dazugeben.

Die Tapenade kann natürlich auch im Mixer zubereitet werden.

Die Paste wird auf frischem Brot oder zu hartgekochten Eiern genossen.

Unter einer dünnen Schicht Olivenöl hält sie sich im Kühlschrank mehrere Tage lang.

Von Streiterei und Freudenfesten – Avignon

Eine heilige und aristokratische Würde liegt im 14. Jahrhundert über der großen Stadt an der Rhône. Sie ist das religiöse Zentrum der Welt und entsprechend wohlgesittet. Ausschweifungen jeglicher Art finden hier nicht statt.

Mit einer Ausnahme: dem großen Volksfest auf der Île de la Barthelasse, einer Insel in der Rhône. Es ist, als falle aller innere Zwang und jedes Joch von den Menschen ab, sie strömen zum Fest, um endlich einmal ausgelassen zu feiern und zu tanzen. Der Pont Saint-Bénézet führt hinüber zum Festgeschehen, eine gewaltige Bogenbrücke. Mit 21 steinernen Bögen und an die 900 Metern Länge erstreckt sie sich seit dem 12. Jahrhundert über den Fluss. Sie ist die längste Brücke Europas ihrer Zeit. Ein gewaltiges Bauwerk, ein gewaltiges Fest! Man tanzt!

So entstehen Bilder von bunt gekleideten Menschen, Männern und Frauen, Kindern, Offizieren, Musikanten und feinen Damen in der Fantasie des Komponisten, der an seinem Pult steht, um eine weitere Opera buffa, eine komische Oper, zu komponieren. Wir befinden uns nun in der ersten Hälfte des 19. Jahrhunderts, der Mann ist ein erfolgreicher Songschreiber der leichten Muse: Adolphe Adam. Er beginnt sich im Takt der Melodie zu wiegen, die ihm durch den Kopf geht, als er sich die tanzenden Menschen vorstellt. Aber er ahnt nicht, dass er dabei ist, einen der größten Gassenhauer und Evergreens Frankreichs zu erschaffen: »Sur le pont d'Avignon«.

Dabei ist seine Idee gar nicht neu. Das Volkslied »Sur le pont d'Avignon« existiert schon seit dem 15. Jahrhundert, ganz genau lässt es sich nicht datieren. Adam hat es gehört und komponiert jetzt eine Oper um das tänzerische Geschehen auf der Rhônebrücke, das Volkslied ist dabei sein musikalisches Hauptthema.

Er verändert es ein wenig, verpasst ihm eine zeitgemäßere und gefälligere Harmonie – und damit gerät das Lied zum Ohrwurm. Weit über Frankreichs Grenzen hinaus wird es bekannt, überall wird die leichte und beschwingte Melodie geträllert. Avignon, die Stadt der tanzenden Menschen!

Doch wie so oft ist die Wirklichkeit deutlich profaner. Auf dem Pont Saint-Bénézet hat vermutlich nie irgendjemand getanzt. Allenfalls wurde beim Volksfest auf der Île de la Barthelasse unter der Brücke getanzt. So hieß denn das Lied ehedem auch »Sous le pont d'Avignon« – unter der Brücke von Avignon. Doch damit erschöpfen sich die Hinweise auch schon. Nachweislich belegt ist keinerlei tänzerische Betätigung über, unter oder um den Pont herum.

Und obwohl es seit 1947 alljährlich im Juli das Festival von Avignon gibt, zu dem auch zahlreiche Tanzaufführungen gehören, lässt sich die Tanzveranstaltung heutzutage nicht mehr wirklich nachholen. Denn der ehemals so bombastische Pont Saint-Bénézet ist nur noch eine Ruine.

Immer wieder haben Kriege und Hochwasser die stolze Brücke schwer beschädigt. Der Vorläufer der heutigen Ruine bestand aus Holz und wurde schon im 13. Jahrhundert komplett zerstört. Man entschied sich für einen soliden Neubau aus Stein. In eleganten Bögen mit 33 Metern Spannweite zog sich das prachtvolle Bauwerk über den Fluss. Doch der stabile Schein trog. Denn auch das feste Gemäuer hatte der Kraft des Wassers auf Dauer wenig entgegenzusetzen. Als im 17. Jahrhundert ein schweres Hochwasser gewaltige Schäden anrichtete, wurden die ständigen Reparaturarbeiten entnervt aufgegeben. Die Brücke blieb dem Verfall anheimgestellt, und die Hochwasser der nachfolgenden Jahrhunderte ließen schließlich von den ursprünglichen 21 nur noch die bis heute erhaltenen vier Brückenbögen zurück.

Auf einem dieser Bögen befindet sich eine kleine Kapelle aus dem 14. Jahrhundert. Denn die Brücke liegt in unmittelbarer Nähe des Papstpalastes von Avignon, sie lag außerhalb der Stadtmauern und war mit einem Wachturm der päpstlichen Residenz verbunden.

Der prachtvolle Papstpalast beherbergte die Oberhäupter der katholischen Kirche im 14. und frühen 15. Jahrhundert. Es herrschte eine unruhige Zeit, interne Machtkämpfe spalteten die Kirche. Dem französischen König war es gelungen, durch geschickte Schachzüge die Mehrheit der Kardinäle für seine Interessen zu gewinnen. Dadurch konnte er seinen Kandidaten bei der Papstwahl im Jahr 1305 durchdrücken – Clemens V., einen französischen Patrioten. Der zog es gar nicht in Erwägung, nach Rom zu gehen, er ließ sich in Lyon weihen und suchte sich das ehemals beschauliche Provinznest Avignon als neuen Sitz des Pontifex Maximus aus.

Sein Nachfolger Johannes XXII. richtete sich im bischöflichen Palast von Avignon ein, doch Benedikt XII., der wiederum Johannes als Papst beerbte, erachtet diese Wohnstätte als zu dürftig. Eine angemessene Unterkunft musste her! So entstand die größte Baustelle des 14. Jahrhunderts. Doch obwohl der Palast in der Rekordzeit von zwanzig Jahren in die Höhe gezogen wurde, sollte Papst Benedikt die Fertigstellung seines Prunkbaus nicht mehr erleben. Seine Nachfolger setzten die

Baumaßnahmen fort und fügten jeweils Elemente nach ihrem eigenen Geschmack hinzu. Sieben Päpste und fünf Gegenpäpste lebten in den kommenden Jahrzehnten in Avignon.

Doch Gregor XI. ließ sich 1377 zur Rückkehr nach Rom überreden, womit er heftigen Unwillen unter den französischen Kardinälen hervorrief. Sie erkannten ihn nicht an und setzten einen eigenen Papst auf den Heiligen Stuhl von Avignon – die Kirchenspaltung, das sogenannte Schisma, war vollzogen. Fortan gab es zwei Päpste, einen in Rom und einen in Avignon. Dass die Möglichkeit zur Ernennung mehrerer Päpste überhaupt bestand, inspirierte einen weiteren Nachahmer, so gab es für kurze Zeit noch einen Gegenpapst in Pisa. Jeder dieser Päpste fand eigene Unterstützer unter den Regenten Europas, es herrschte eine Zeit tiefer Zerrissenheit. Erst beim großen Konzil von Konstanz im Jahr 1417 erreichten die Kirchenfürsten eine Einigung und entschieden sich für Rom – aus war es mit dem Papstsitz in Avignon.

Doch der Stadt blieb der prunkvolle Palast, der bis zum heutigen Tag ihr Bild gemeinsam mit der danebenliegenden Brückenruine prägt. Mit 15.000 Quadratmetern Wohnfläche ist er der bedeutendste gotische Palast der Welt. Besucher können ihn besichtigen und die prächtigen Bankett- und Zeremoniensäle bestaunen, die Kapellen mit ihren kunstvollen Fresken, die privaten Gemächer des Papstes und seine Terrassen mit herrlichem Panoramablick über die Stadt und die Rhône.

Und auch die Reste der Brücke dürfen – gegen Eintrittsgebühr – betreten werden. Vielleicht möchten Sie ja dort das Tanzbein schwingen?

Papeton d'aubergines – eine Auberginen-Terrine aus Avignon

Zutaten für 4 Personen:

6 Auberginen
6 Eier
60 g Mehl
6 El Milch
1 ½ kg aromatische Tomaten
1 Zwiebel
8 Zweige Thymian
2 Lorbeerblätter
je 1 Bund Blattpetersilie und Basilikum
3 Knoblauchzehen
reichlich Olivenöl
Salz, Pfeffer

Zubereitung:

Die Auberginen schälen und in kleine Würfel schneiden. In eine Schüssel geben und mit einer Handvoll Salz vermischen, eine Stunde lang stehenlassen. Dann in einem Sieb gründlich mit Wasser abspülen und mit Küchenkrepp trocknen.

Die Knoblauchzehen schälen und fein hacken. In einer Pfanne reichlich Olivenöl erhitzen, Auberginen und Knoblauch darin scharf anbraten, salzen und pfeffern. Bei reduzierter Hitze 10 Minuten lang garen, dabei immer wieder umrühren. Danach mit dem Mehl bestäuben und die Milch dazugeben, gut vermischen und noch einmal stark erhitzen. Dann vom Herd nehmen, in eine Schüssel geben und mit dem Pürierstab zerkleinern

Die Thymianblättchen abzupfen und die Hälfte davon unter die Auberginenmasse rühren. Die Eier aufschlagen und ebenfalls daruntermischen.

Eine feuerfeste Kastenform mit Olivenöl einfetten, die Masse hineinfüllen und mit Alufolie abdecken. Eine größere feuerfeste Form mit Wasser füllen und die Kastenform dort hineinstellen. Den Backofen auf 180°C vorheizen und die Terrine im Wasserbad etwa eine Stunde lang darin backen.

Die Tomaten häuten, entkernen und in Würfel schneiden. Die Zwiebel schälen und würfeln. In einem Topf Olivenöl erhitzen und die Zwiebeln darin glasig andünsten. Die Tomaten hinzugeben. Die Petersilie mit Küchengarn zusammenbinden und zusammen mit den Lorbeerblättern und dem restlichen Thymian dazugeben, salzen und pfeffern.

30 Minuten köcheln lassen, dann Petersilie und Lorbeerblätter entfernen. Die Basilikumblättchen abzupfen und kleinschneiden, vier Blättchen übrigbehalten. Die Tomatensauce vom Herd nehmen und das Basilikum unterrühren.

Die Terrine aus der Form stürzen und in Scheiben schneiden. Auf Tellern zunächst die Tomatensauce und darauf die Terrinenscheiben anrichten. Mit je einem Basilikumblättchen garnieren und mit frischem Baguette servieren.

Auf dem Weg ins Licht – van Gogh in der Provence

Die berühmte Brücke von Arles müsse wohl eine der Top-Sehenswürdigkeiten der Stadt sein, so dachte ich, als ich mich eines Tages mit meiner Familie auf den Weg dorthin machte. Schließlich hatte van Gogh sie gleich auf mehreren seiner Werke für die Ewigkeit festgehalten. Es erstaunte mich, dass es nur spärliche Informationen über die Brücke gab. Aber dank Google Maps ließ sich feststellen, wo sie sich befand, irgendwo in einem Außenbezirk von Arles.

Der Weg führte fort von den großen Routen über kleine Nebenstraßen. Nirgends fand sich ein Hinweisschild auf die legendäre Brücke. Schließlich endete die Straße, wir mussten das Auto abstellen und zu Fuß weitergehen. Noch immer gab es keinerlei Anzeichen dafür, dass wir uns auf dem rechten Weg befanden. Dieser Weg führte an einem Fluss entlang, er war staubig, einsam und die Sonne brannte vom Himmel. Die Kinder stöhnten.

In einigen hundert Metern Entfernung verschwand der Fluss hinter einer Biegung. Gleich dahinter, so verkündete ich voller Zuversicht, müsse man die Brücke erblicken können, ganz sicher! Wir marschierten los. Und tatsächlich, als wir die Flussbiegung endlich erreicht hatten, sah man hinten in der Ferne zwischen hohen Bäumen eine dunkle hölzerne Zugbrücke. Unscheinbar und ziemlich klein. »Das soll alles sein?«, fragten die Kinder fassungslos. Der lange Weg in glühender Hitze – nur für den Blick auf dieses lausige Ding am Horizont?

Tatsächlich misst die Stadt Arles anderen Bauwerken – wie zum Beispiel ihrem römischen Amphitheater – weit größere Bedeutung bei als der »Brücke von Langlois«. Und außerdem wurde die von van Gogh gemalte Brücke schon 1930 durch eine Stahlbetonbrücke ersetzt. Es hatte zu van Goghs Zeit insgesamt elf dieser Brücken gegeben. Unsere Brücke ist das einzige erhalten gebliebene Exemplar. Sie wurde 1962 aus einem Nachbarort hierher versetzt. Und das ist nicht einmal der ursprüngliche Standort von van Goghs berühmter Brücke. Der befindet sich zwei Kilometer entfernt und ist längst mit anderen Dingen verbaut. Nicht gerade spektakulär.

Zwei Jahre lang hielt sich Vincent van Gogh in der Provence auf. Der holländische Maler war nach Südfrankreich gekommen, um das unbeschreibliche Licht zu finden, dieses Licht, das alle Farben intensiv leuchten und die Welt in überirdischer Schönheit erstrahlen lässt. Die »blauen Töne und heiteren Farben« des Südens sind es, die er suchte. Das Licht der Provence, das so außerordentlich ist, dass es sich mit Worten kaum beschreiben lässt.

Zunächst wohnt van Gogh in Arles und malt die Blütenpracht der Gärten. Das erste Bild der Brücke von Langlois entsteht im Mai 1888. Diese Brücke hat es ihm angetan, weil sie ihn an seine holländische Heimat erinnert. Alle Schönheit der Provence vermag nämlich letztendlich doch sein Heimweh nicht gänzlich zu stillen, er tut sich schwer, denn sein Französisch ist nicht gerade brillant. Und dennoch fasziniert ihn die Provence, er findet hier tatsächlich genau das Licht, dass er sich erhofft hat. Seine Sonnenblumenbilder entstehen in dieser Zeit. Er ist außerordentlich produktiv, innerhalb von sechzehn Monaten wird er 187 Gemälde fertigstellen. Und langsam lebt er sich ein, er schließt Freundschaft mit einem Postmeister, den er mehrfach auf Ölgemälden verewigt.

Seinen Freund Paul Gauguin besucht er in Saintes-Maries-de-la-Mer in der Camargue und versucht ihn davon zu überzeugen, gemeinsam in Arles eine Künstlerkolonie zu gründen. Tatsächlich kommt Gauguin nach Arles, doch die beiden Exzentriker verstehen sich nicht besonders gut und streiten immer öfter. Zur Eskalation kommt es, als sich van Gogh im Dezember 1888 in der Folge eines nie geklärten Vorfalls das linke Ohr abschneidet – Gauguin reist unverzüglich ab. Und zwar so fluchtartig, dass er sogar seine Skizzenbücher in Arles zurücklässt. Van Gogh überreicht das abgeschnittene Ohr noch am gleichen Abend einer entsetzten Prostituierten, dann bricht er ohnmächtig zusammen. Am nächsten Morgen erinnert er sich an nichts mehr.

Bis heute streiten sich die Kunsthistoriker darüber, ob es tatsächlich van Gogh selbst gewesen ist, der sich das Ohr abschnitt, oder ob es nicht der jähzornige Gauguin in seiner Wut getan hat. Denn van Gogh war dem Kollegen mit seinem Spleen von der Künstlerkolonie in der letzten Zeit gehörig auf die Nerven gegangen.

Zwei Wochen lang wird van Gogh im Krankenhaus behandelt. Doch nach seiner Entlassung ist er gebrochen. Halluzinierend irrt er durch Arles – die Bürger sind empört. Sie wollen diesen verrückten und unheimlichen Bohemien nicht unter sich dulden und beantragen deshalb seine Internierung in einer Irrenanstalt. Der Bürgermeister gibt ihnen nach, van Gogh kommt in die Psychiatrie eines Klosters in Saint-Rémy. Zwar wird die Zwangsinternierung schon bald wieder aufgehoben, doch van Gogh bleibt freiwillig. Denn hier erholt er sich langsam. Und das, obwohl gar keine Therapie stattfindet. Tatsächlich beklagt er die dumpfe Untätigkeit der anderen

Patienten. Aber ihm selbst wird das Malen erlaubt, und darin findet er seine eigene Form der Therapie.

Es mag wohl sein, dass der zur damaligen Zeit unter Künstlern sehr verbreitete übermäßige Genuss von Absinth zu seinem Zustand nicht unerheblich beigetragen hat. »Die grüne Fee« wird dieses berauschende Getränk auch genannt. Es ist mit Wermut angereichert, und das darin enthaltene Thujon ist ein Nervengift, welches Wahnvorstellungen hervorrufen kann. Die schädliche Wirkung des Absinths wird heute aber auch auf den minderwertigen Alkohol zurückgeführt, der damals zum Mischen Verwendung findet. Wie dem auch sei, für die Kreativen jener Zeit dient der Absinth als Standardgetränk, und ohne ihn wäre manches Meisterwerk vielleicht nie entstanden. Van Gogh befindet sich diesbezüglich in einer Reihe mit Paul Gauguin, Henri de Toulouse-Lautrec, Oscar Wilde, Edgar Allan Poe, Ernest Hemingway und zahllosen anderen.

In der psychiatrischen Klinik von Saint-Rémy entstehen van Goghs wunderbare Zypressen- und Ölbaumbilder. Hier malt er auch seine grandiose psychedelische Sternennacht. Doch bei einem Besuch in Arles erleidet er 1890 einen schweren Rückfall, in völliger Verwirrung schluckt er giftige Farben. Er verlässt die Provence und findet eine neue Bleibe in Auvers bei Paris. Hier wohnt er in der Nähe seines Bruders, der bereits seit Jahren für van Goghs Lebensunterhalt aufkommt und seine einzige verlässliche Bezugsperson darstellt. Außerdem betreut ihn ein kunstbegeisterter Arzt. Vergebens. Gute zwei Monate später erschießt sich van Gogh.

In Saint-Rémy kann man im Kloster Saint-Paul-de-Mausole eine Nachbildung des Raums besichtigen, den van Gogh einst in der Irrenanstalt dieses Klosters bewohnte. In der Umgebung der Klinik liegen einige der Orte, die er auf seinen berühmtesten Gemälden festhielt. Die Stellen sind durch Hinweistafeln markiert, einen ausgeschilderten Rundgang gibt es jedoch nicht.

Ein solcher befindet sich aber in Arles. Hier leiten in den Boden eingelassene Wegweiser auf den Spuren van Goghs durch die Stadt, bis hin zu der berühmten Caféterrasse, deren Abendstimmung van Gogh auf so geniale Weise festgehalten hat. Die Nacht ist blau, am prächtigen Himmel tanzen fantastische Sterne. Das hell erleuchtete Café drängt sich vorwitzig in den Vordergrund und lädt dazu ein, den lauen Sommerabend auf seiner Terrasse zu genießen. Heute heißt es »Le café la nuit« und ist originalgetreu restauriert. Es liegt an der Place du Forum, und tatsächlich: Wenn es in den Abendstunden beleuchtet wird, ist van Gogh mit einem Mal ganz nahe. Die Besucherbewertungen sind allerdings überwiegend vernichtend. Vielleicht sollten wir es beim Anschauen belassen.

Fleurs de courgettes – gefüllte Zucchiniblüten

Zutaten für 4 Personen:

12 Zucchiniblüten
2 kleine Zucchini
200 g Ziegenfrischkäse
4 Eier
2 Schalotten
1 Bund Basilikum
3 El Mehl
Salz, Pfeffer, Olivenöl

Zubereitung:

Die Blüten vorsichtig abspülen und auf Küchenkrepp trocknen. Anschließend behutsam öffnen, Stempel und Staubgefäße entfernen. Die Zucchini waschen, das Stielende wegschneiden und die Zucchini mit der Küchenreibe grob raspeln. Die Schalotten schälen und fein hacken. Die Basilikumblättchen abzupfen, waschen und hacken.

In einer Pfanne etwas Olivenöl erhitzen, die Schalotten darin glasig andünsten. Dann die Zucchiniraspeln dazugeben, mit Salz und Pfeffer würzen und bei schwacher Hitze unter gelegentlichem Rühren 10 Minuten lang dünsten. Dabei nur leicht bräunen lassen. Anschließend in eine Schüssel geben und abkühlen lassen.

Dann 2 Eier mit dem Frischkäse verquirlen und mit dem Basilikum unter die Zucchinimasse heben. Mit einem Löffel vorsichtig in die Blüten damit füllen. Die Blütenspitzen leicht zusammendrehen und mit Küchengarn verschließen.

Das Mehl mit etwas kaltem Wasser zu einem glatten, nicht zu flüssigen Brei verrühren und 10 Minuten quellen lassen. Die beiden verbliebenen Eier aufschlagen und dabei in Eigelb und Eiweiß trennen. Die Eigelbe unter den Brei rühren, die Eiweiße steifschlagen und vorsichtig unterheben. Die Zucchiniblüten in diesem Teig wälzen, nicht salzen.

In einer Pfanne reichlich Olivenöl erhitzen und die Blüten darin ausbacken, bis sie appetitlich gebräunt sind. Salzen, das Küchengarn entfernen und sofort servieren. (Das Problem mit dem Garn kann man natürlich auch den Tischgästen überlassen. Binden Sie es zu kleinen Schleifchen, dann sieht es sogar nett aus.)

Man genießt die Blüten als Vorspeise mit Baguette oder auch als Hauptgericht mit Safranreis und Tomatensauce.

Leider sind Zucchiniblüten bei uns nicht leicht zu bekommen. Wer einen Garten oder einen Balkon besitzt, kann aber ganz leicht selbst Zucchini ziehen und deren Blüten nutzen. Es lohnt sich!

Die Blüte der Provence – vom guten Leben in Vaison-la-Romaine

Ein Fluss zerteilt die Kalksteinfelsen mit seinem in milchigem Hellblau strahlenden Wasser. Hoch über ihm, auf einer Felskuppe, liegt das »Oppidum«, ein befestigtes Lager der Kelten, die diese Region bewohnen. Es ist ihre Provinzhauptstadt, seit vielen Jahrhunderten leben sie an den Ufern des kleinen Flusses. Sie haben sich mit den Griechen arrangiert, die im Süden des Landes an der Küste leben, und treiben regen Handel mit ihnen. Aber die Zeiten ändern sich.

Die Griechen haben ihren Einfluss mit den Jahren immer weiter eingebüßt. Neue Herren sind an ihre Stelle getreten: die Römer. Und eines Tages im zweiten Jahrhundert vor Christus ist es schließlich so weit: Die streitbaren Römer erobern auch die Hauptstadt der Kelten und nennen sie Vasio Vocontiorum. Es handelt sich um das heutige Vaison-la-Romaine.

Aber die Römer sind nicht gekommen, um zu zerstören. Sie schließen Verträge mit den Kelten und leben fortan gemeinsam mit ihnen an den fruchtbaren Ufern des kleinen Flusses. Und sie bringen die Errungenschaften ihrer Kultur mit: Sie errichten Villen und Thermalbäder, Amphitheater und Aquädukte, Brücken und Tempel. Die kleine Stadt blüht auf. Um die zehntausend Menschen leben jetzt hier. Sie ist eine Hochburg der römischen Provinz, der »provincia«. Dieser Name sollte der Region anhaften bleiben. Denn die Provence ist eine der ersten römischen Provinzen überhaupt und vielleicht das Musterbeispiel für den Export römischer Hochkultur in andere Gegenden der damals bekannten Welt.

Doch auch die Zeit der Römer findet irgendwann ein Ende. Die Franken fallen eines Tages in Vaison-la-Romaine ein und beschädigen die Stadt schwer. In der Folge dieser Katastrophe entsteht auf dem Felsen über dem kleinen Fluss eine mittelalterliche Trutzburg, in deren Schutz die kleine Stadt zu neuer Blüte gelangt. Die Bewohner zieht es dabei aber immer mehr ans linke Flussufer, der Ortsteil am anderen Ufer verfällt zusehends. Als schließlich mit dessen Wiederaufbau begonnen wird, kommen Reste der antiken römischen Siedlung ans Licht. Vor gut hundert Jahren werden schließlich systematische Ausgrabungsarbeiten in Angriff genommen.

Und so hat Vaison-la-Romaine inzwischen die größte archäologische Ausgrabungsstätte von ganz Frankreich zu bieten. Das stolze Amphitheater mit Platz für fünf- bis sechstausend Zuschauer wurde einst in den Fels geschlagen und ist gerahmt von den Resten prächtiger Tempel und luxuriöser Thermen. In einer der Villen können noch heute die schönen Mosaikböden besichtigt werden, der Garten mit Wasserbecken vermittelt einen Eindruck von der opulenten Lebensart der Römer. Obwohl das Herz der alten römischen Stadt, bestehend aus Forum und Basilika, nicht freigelegt werden konnte, weil es von der modernen Stadt überbaut ist, können Interessierte jetzt immerhin ein Fünftel der früheren Römerstadt besichtigen. Das sind stolze dreizehn Hektar.

Doch das bemerkenswerteste Überbleibsel aus römischer Zeit ist vielleicht die kleine Brücke, die den Fluss Ouvèze überspannt. Seitlich im Felsgestein verankert, ist sie nur siebzehn Meter lang und lediglich neun Meter breit. Aber dennoch stellte sie eine der wichtigsten Brücken der ganzen Region dar, denn sie bot weit und breit die einzige Überquerungsmöglichkeit am Fluss Ouvèze. Als Zollbrücke brachte sie gute Einnahmen, und mit einem Wehrtor schottete sie die Oberstadt vor feindlichen Übergriffen ab.

Das Erstaunlichste aber ist, dass diese Brücke noch heute ihren Dienst tut. Denn immerhin stammt sie aus dem ersten nachchristlichen Jahrhundert, und sie musste so manches Hochwasser überstehen. Selbst den deutschen Truppen, die sie im Zweiten Weltkrieg zu sprengen versuchten, widerstand diese Brücke mit Erfolg. Sie ist ein wahres architektonisches Meisterwerk.

Was sie auszuhalten vermag, wird vielleicht am ehesten vorstellbar, wenn wir an das schreckliche Hochwasser von 1992 denken. Damals rissen die Fluten der angeschwollenen Ouvèze 35 Menschen in den Tod, hunderte von Häusern wurden durch die Gewalt der Wassermassen zerstört. Eine neue Ufergestaltung soll Katastrophen dieses Ausmaßes in Zukunft verhindern.

Denn Vaison-la-Romaine ist auch heute noch eine lebendige Stadt. Alle drei Jahre ist sie Schauplatz eines großen internationalen Chorfestivals. Und jedes Jahr im Sommer gibt es ein Tanzfestival im römischen Amphitheater. Die malerische Altstadt von Vaison-la-Romaine mit ihren verwinkelten Gassen, dem Kopfsteinpflaster, kleinen Plätzen, zahlreichen Restaurants, Galerien und kleinen Läden ist ausgesprochen charmant.

Die meisten Touristen aber kommen wegen des großen Marktes in die Stadt. Jeden Dienstagmorgen öffnet er seine Pforten, zahlreiche Stände locken mit typischen Produkten aus der Provence. Doch er ist nur einer von vielen Märkten – den Kleinoden der Provence. Was hat es damit auf sich? Schauen wir uns die Märkte einmal genauer an.

Salade de pois chiches avec des tomates – Kichererbsen-Tomaten-Salat

Zutaten für 4 Personen:

500 g gegarte Kichererbsen
3 Frühlingszwiebeln
6 reife Tomaten
1 Bund Blattpetersilie
2 Zweige Thymian
100 g getrocknete Tomaten
1 Knoblauchzehe
2 Zitronen
2 Tl Zucker
100 ml Olivenöl
Salz, Pfeffer

Zubereitung:

Die Tomaten häuten, entkernen und in kleine Würfel schneiden. In eine Schüssel geben und mit dem Zucker bestreuen. Durchrühren und mindestens 10 Minuten lang stehenlassen.

Die Petersilienblättchen abzupfen und fein hacken. Die Frühlingszwiebeln putzen und in Röllchen schneiden. Die Knoblauchzehe fein hacken. Die getrockneten Tomaten in Streifchen schneiden. Die Thymianblättchen abzupfen.

Die Kichererbsen in einem Topf kurz erwärmen, dann durch ein Sieb abgießen und noch während sie warm sind in einer Schüssel mit dem Olivenöl begießen. Salzen und pfeffern, die Zitronen auspressen und den Saft ebenfalls dazugießen.

Die Frühlingszwiebeln, den Knoblauch, die Thymianblättchen und die getrockneten Tomaten zugeben, umrühren und eine Stunde bei Zimmertemperatur durchziehen lassen.

Zum Schluss die gewürfelten Tomaten und die Petersilie unterrühren und den Salat mit Baguette servieren.

Bon marché? – Die Märkte der Provence

Die Herbstsonne taucht die pastellfarbenen Fassaden der alten Häuser in ihr goldenes Licht. Die Blätter der hohen Platanen haben sich schon zu verfärben begonnen, die mächtigen Kronen der Bäume lichten sich allmählich und verkünden den herannahenden Winter.

Doch noch ist es fast sommerlich warm, das Land scheint den Atem anzuhalten und zu verharren, so als könne es die Sommerzeit ewig festhalten. Eine geheimnisvolle Stille liegt in der Luft, alle Geräusche scheinen merkwürdig gedämpft. Es ist eine fast schon surreale Ruhe, es scheint, als sei sie von den warmen Tönen der herbstlichen Sonnenstrahlen in die Luft gezaubert. Die Zeit steht still.

Auf dem kleinen Marktplatz von Riez ist eine lange Tafel aufgebaut. Zahllose Karaffen, Flaschen und Gläser bedecken den Tisch. Menschen neigen sich lachend einander zu, sie plaudern und genießen den lauen Samstagnachmittag. Um den Platz herum sind kleine Marktstände aufgebaut. Passanten bummeln vorbei, sie führen ihre Hunde aus, sie erledigen letzte Einkäufe vor dem Sonntag. Hier und da führt jemand einen Plausch mit einer Marktfrau, kostet ein Stück Käse oder lässt sich ein Stück vom Spanferkel abschneiden. Es geht gemächlich und gemütlich zu, die Menschen haben Zeit, hier auf dem kleinen Markt von Riez.

Die Märkte der Provence sind ein unwiderstehlicher Magnet für alle, die gerne herumstöbern und es lieben, kleine, besondere Dinge zu entdecken. Sie finden meistens vormittags statt, doch mancherorts, wie hier in Riez, bleiben einige Stände bis zum Abend aufgebaut. Wären wir schon am Morgen nach Riez gekommen, dann hätten wir ein quirliges Treiben von mehr als hundert Händlern angetroffen, die alles feilbieten, was die Region an Produkten hervorbringt. Da gibt es Fleisch und Wurst, Fisch, Brot und Gebäck, Süßigkeiten, Obst und Gemüse, Marmeladen und Honig, Wein und Kräuter. Aber auch Küchengeräte, Möbel, Kleidung, Spielwaren, Blumen und Pflanzen.

Der Markt von Riez findet außer am Samstag auch mittwochs statt, und in den Wintermonaten zwischen November und März gesellen sich noch die Trüffelhändler zu den Anbietern. Sie verkaufen die kostbaren Pilze, die sie in den Wäldern der Provence gefunden haben. Überall sind jetzt die Trüffelsammler auf speziellen Trüffelmärkten unterwegs, und Spezialitätenjäger sind ihnen dicht auf den Fersen. Fast wirkt es wie das obskure Treiben eines Schwarzmarktes. Denn die Verkäufe finden oft aus dem Kofferraum heraus statt, diskret, schnell und gegen große Scheine von Bargeld.

Die Sommerwochenmärkte der Provence sind dagegen ein sinfonisches Fest für die Sinne. Sie finden an verschiedenen Wochentagen in allen Städten und größeren Dörfern statt, manchmal in den Nachmittags- und Abendstunden, in der Regel aber am Vormittag zwischen 8 und 13 Uhr. Dann lohnt es sich, früh zu kommen, gibt es doch jetzt weder Parkplatzprobleme noch allzu großes Gedränge. Beides wird sich spätestens ab 10 Uhr ändern, besonders in der Hauptreisezeit.

Denn Touristen lieben die Märkte der Provence, besonders die Bauernmärkte, auf denen zwischen Ostern und Ende

Oktober ausschließlich einheimische Erzeuger ihre Produkte verkaufen – hier ist sie nämlich, die bodenständige, unverfälschte Provence mit all ihren Köstlichkeiten, von denen die Reisenden träumen. In der Folge dieser Entwicklung werden manche der großen Märkte immer touristischer, Spezialitäten wie Käse und Nougat erreichen horrende Preise, und gerne darf's ein bisschen mehr sein. Vor allzu aufdringlichen Marktleuten hüten Sie sich besser, hier hilft ein klares und bestimmtes »non merci«.

Suchen Sie sich also einen authentischen Markt und schwelgen Sie dort in den Farben und Düften der Provence. Probieren Sie die Erdbeeren aus Carpentras, die Melonen aus Cavaillon und die Kirschen aus Comtat, das Lamm aus Sault und den Knoblauch aus Piolenc.

Und da lassen sich auch mancherlei zauberhafte Kleinigkeiten entdecken. Mein alter Freund Stefan ist von den Märkten gar nicht mehr wegzubekommen, ich glaube fast, er fährt nur ihretwegen in die Provence. Er schwärmt zum Beispiel vom Stand eines Imkers in Sault, wo er Lippenbalsam mit Bienenwachs und Lavendel entdeckt hat, und das Leben ist für ihn nicht mehr vorstellbar ohne die herrlich duftenden handgemachten Seifen, die ohne tierische Fette und künstliche Paraffine auskommen. Die Seifen der Provencemärkte, so sagt er, sind deshalb viel hautverträglicher und umweltfreundlicher als alle anderen, die er kennt. Er kauft sogar sein Spülmittel nur noch in Frankreich, denn es duftet besser und enthält keine Inhaltsstoffe auf Basis von Mineralöl. Seine Freunde und Verwandten beglückt er bei der Heimkehr mit seifigen Mitbringseln. Besonders die Rosmarinseife hat es ihm angetan. Hoffentlich ist er bald wieder dort, denn meine neigt sich dem Ende zu…

Schlendern Sie an den Ständen vorbei und entdecken Sie außer Seifen auch duftende Kräuter und Gewürze, selbstgepresstes Olivenöl, feinen Essig, köstlichen Honig oder erntefrisches Obst und Gemüse. Testen Sie die angebotenen Käsesorten und finden Sie heraus, welche Ihnen am besten schmeckt. Kosten Sie vom Wein: Mögen Sie lieber einen süßen Dessertwein wie den Banjuls, oder bevorzugen Sie einen leichten, süffigen Rosé? Möchten Sie lieber handgemachte Töpferwaren mit nach Hause nehmen? Dann achten Sie aber darauf, dass diese wirklich in der Provence hergestellt wurden und nicht irgendwo in Asien. Denn auch in Südfrankreich ist die Globalisierung längst angekommen.

Eine Handvoll Märkte will ich kurz erwähnen, aber die Provence ist groß. Deshalb ist es nur eine knappe Auswahl. Allerorten werden Sie einen Markt finden, dessen Besuch sich lohnt. Wenn Sie jedoch in der Nähe von Velleron sein sollten, dann haben Sie täglich die Gelegenheit, den großen Bauernmarkt zu besuchen, der im Sommer abends ab 18 Uhr stattfindet. Er zählt zu den hundert »marchés d'exception«, den als besonders herausragend anerkannten Märkten Frankreichs.

Mit dieser Auszeichnung schmückt sich auch der Marché Provençal von Carpentras, der Freitagmorgens stattfindet. Er ist ein einziger Rausch von Farben und Düften. Melonen, Basilikum, Knoblauch, Trüffel, Erdbeeren, Blumen, Käse, das bunte Durcheinander fügt sich zu einem malerischen Gesamtbild zusammen. Diesen Markt gibt es offiziell schon seit 1155, was ein päpstliches Dokument belegt.

Sonntags treffen sich die Freunde außergewöhnlicher Märkte in L'Isle-sur-la-Sorgue, denn auch dieser Markt trägt die bereits erwähnte Auszeichnung. Am ersten Sonntag im August gibt es hier sogar noch einen ganz besonderen Markt: den Marché Flottant, einen Markt auf Booten. Es handelt sich um die Wiedererweckung einer alten Tradition, denn früher verkauften die Fischer ihren Fang direkt von den Booten aus.

Heute verkaufen sie, gekleidet in Trachten, auf den alten Holzkähnen Oliven, Wein, Käse, Blumen, Obst und Brot.

Ein weiterer »marché d'exception« findet am Sonntagvormittag in Coustellet statt, und üppige Märkte gibt es auch in Uzès, Apt, Cadent und natürlich in den Großstädten wie Avignon, Arles oder Marseille.

Als ich das erste Mal auf einer Provencereise nach einer Tour durch den Grand Canyon du Verdon zufällig auf den Markt von Riez geriet, habe ich weder Lavendelhonig noch Rosmarinseife gekauft. Ich habe mich einfach auf die Terrasse eines kleinen Bistros am Rand des Marktplatzes gesetzt, ein Glas kühlen Roséwein getrunken und dem heiter-gelassenen Treiben an den Ständen zugeschaut. Ganz entspannt und sehr französisch!

Dorade grillé provençale – gegrillte Dorade nach provenzalischer Art

Zutaten für 4 Personen:

4 Doraden (küchenfertig)
1 Zwiebel
4 Knoblauchzehen
3 Rosmarinzweige
5 Thymianzweige
4 unbehandelte Zitronen
100 ml Olivenöl
Salz Pfeffer

Zubereitung:

Die Zitronen waschen. Eine davon vierteln und beiseitelegen, von einer anderen die äußere, gelbe Schale abreiben. Dann diese und die restlichen Zitronen auspressen. Die Zwiebel schälen und in Ringe schneiden. Das Olivenöl mit dem Zitronensaft und dem Schalenabrieb gut verquirlen, mit Salz und Pfeffer würzen. Thymianblättchen und Rosmarinnadeln von den Zweigen zupfen und daruntermischen.

Die Fische waschen und trocken tupfen, anschließend in einer Schüssel mit der Marinade bedecken, dabei kurz öffnen, damit auch die Innenseiten damit in Kontakt kommen. Mit den Zwiebelringen belegen. Abdecken und 30 Minuten im Kühlschrank durchziehen lassen.

Sodann aus der Marinade nehmen, mit Küchenkrepp leicht abtupfen und außen und innen salzen und pfeffern. Auf dem Grill von jeder Seite ca. 3 Minuten lang grillen, alternativ in der Pfanne in heißem Olivenöl braten.

Währenddessen die Marinade in einem Topf erhitzen. Die fertigen Fische damit beträufeln und je mit einem Zitronenviertel servieren.

Dazu passen grüner Salat mit Vinaigrette und Rosmarinkartoffeln oder Baguette.

Wildleben mit Mücke – die Camargue

Als ich noch ein kleines Mädchen war, interessierte ich mich sehr für alles, was mit Pferden zu tun hat. Eines Tages schenkte mir meine Großtante einen Bildband mit dem Titel »Die Pferde der Camargue«. Zwar enthielt der nur Schwarzweißaufnahmen, aber dennoch fühlte ich mich hingerissen von der Schönheit der abgebildeten Pferde und der fremdartigen Landschaft. Dort, zwischen schier undurchdringbaren Wäldern aus Schilf, lebten die stolzen weißen Pferde in völliger Freiheit zwischen schwarzen Stieren und rosa Flamingos. Ein Paradies der Natur, der Himmel auf Erden für alle Pferdeliebhaber!

Jahrzehnte später war es endlich so weit: Ich machte mich mit meiner Familie auf den Weg in die Camargue. Voller Vorfreude malte ich mir aus, all die Bilder aus dem Buch meiner Kindheit endlich in der Wirklichkeit zu sehen. Wie herrlich musste das sein!

Als wir schließlich in der Camargue ankamen, wurde ich herb enttäuscht. Endlos flach zieht sich das Land hier im Rhônedelta dahin, weite Teile sind landwirtschaftlich genutzt. Auf dem Schwemmland werden Mais, Weizen und Reis angebaut, zur Rhône hin ist das Land komplett eingedeicht, sodass die Überschwemmungen, die einst das Gesicht des Schilflandes prägten, nicht mehr stattfinden können. Südlich von Salin-de-Giraud nimmt eine gewaltige Meerwassersaline das ganze Gebiet ein. Auf dem Weg nach Saintes-Maries-de-la-Mer ziehen sich Wiesen und Schilfgebiete dahin. Hier habe ich auch endlich die Camargue-Pferde entdeckt. Sie standen gesattelt und aufgezäumt an Holzbalken festgebunden in der prallen Sonne und warteten auf vorbeifahrende Touristen, die eine Runde hoch zu Ross wagen wollten. Ihre dunklen Samtaugen blickten stumpf und freudlos ins Leere – ich war entsetzt.

Es herrschte die Zeit des Hochsommers, und Saintes-Maries-de-la-Mer quoll über von sonnenhungrigen Urlaubern. Der Hafen lag voller kleiner Segeljachten, und an der Strandpromenade waren die Terrassen der Schnellrestaurants dicht gefüllt mit hungrigen Touristen.

Auf der Einkaufsstraße drängten sich die Menschen zwischen Läden mit buntem Plastikspielzeug, kitschigen Souvenirs und »typischen« Spezialitäten aus Massenproduktion. Am Strand lagen die Sommerfrischler Leib an Leib in der prallen Sonne und kämpften um die begehrte Urlaubsbräune. Das war nicht der Ort meiner Träume. Ganz und gar nicht.

Die Schönheit der Camargue erschließt sich dem Neuling denn auch erst auf den zweiten Blick. Weite Gebiete der Region stehen unter Naturschutz und dürfen von Besuchern teilweise gar nicht betreten werden, was angesichts der Touristenmassen sinnvoll erscheint. Mancherorts ist das Gelände sumpfig und unwegsam. Die Flora ist eintönig und karg. Denn hier gedeihen nur Pflanzen, die in salzigem, wasserreichem Boden wachsen können.

Als Ausgleich für diese eher unspektakuläre Vegetation bietet die Camargue aber eine faszinierende Vogelwelt. Es gibt sie tatsächlich, die rosa Flamingos! Nirgendwo sonst in Südeuropa leben mehr davon als hier in der Camargue. Sie stelzen durch die Feuchtgebiete und leben von den kleinen Salinenkrebsen, hier überall vorhanden sind. Aber sie sind bei weitem nicht die einzigen gefiederten Bewohner der Camargue.

Es sind – die Zugvögel mitgerechnet – weit mehr als 300 Vogelarten, die diesen Landstrich bevölkern. Hier gibt es seltene Piepmatze mit so merkwürdigen Namen wie Bienenfresser, Blauracke, Kuhreiher, Rohrdommel, Lachseeschwalbe, Dünnschnabelmöwe oder Häherkuckuck. Sie alle zusammen sorgen dafür, dass die Camargue eines der wichtigsten Vogelschutzgebiete Europas ist. Wer es ganz genau wissen will, der besucht den Parc Ornithologique nördlich von Saintes-Maries-de-la-Mer.

Es lohnt sich also doch, das Auto zu verlassen und sich zu Fuß oder mit dem Fahrrad auf den Weg durch die Camargue zu machen, vorbei an Brackwasserseen, Salzsteppen, Tümpeln und Sümpfen, durch die Dünen bis hin zum Strand.

Und der hat es in sich: Fast hundert Kilometer misst der breite, feinsandige Strand der Camargue. In der Hauptsaison geben sich hier die Wohnmobilisten ein Stelldichein, doch außerhalb dieser Zeit ist der Strand oft ganz menschenleer.

Schon die Römer haben in der Camargue Salzgärten angelegt, das »fleur de sel« ist heute ein begehrtes Mitbringsel. Die Salinen erinnern in ihrer kahlen Leblosigkeit an Mondlandschaften oder zumindest an das Tote Meer. Bei Salin-de-Giraud ist es möglich, einen kleinen Aussichtsturm zu erklimmen und den Blick über die Salzwasserbecken schweifen zu lassen. Sie leuchten in überirdischem Rosa, während die weißen Salzberge unter der Sonne strahlen. Ihre rosa Farbe verdanken die Salzbecken den kleinen Krebsen, die sich dank des hohen Salzgehalts in den Salinen stark vermehren. Sie sind es auch, denen ihre Fressfeinde, die Flamingos, ihr rosarotes Gefieder verdanken.

Salin-de-Giraud selbst ist kein wirklich reizvoller Ort. Ende des 19. Jahrhunderts siedelte sich hier eine belgische Chemiefabrik an, denn das Salz ist ein wichtiger Grundstoff der chemischen Industrie. Aus dieser Zeit stammen die tristen

Arbeiterhäuser des Ortes. Doch jedes Jahr im Juli oder August blüht das Städtchen auf. Dann dreht sich alles um die Arène de Salin-de-Giraud, die große Arena: Es ist die Zeit des »course camarguaise« – Stierkampf!

Die berühmten schwarzen Stiere der Camargue werden nämlich nicht nur als Fleischlieferanten, sondern hauptsächlich auch für den Stierkampf gezüchtet. Zwar gilt ihr Fleisch als Delikatesse, es ist mager, zart und erinnert ein wenig an Wild. Doch sie sind ziemlich aggressiv und ließen sich nie als Hoftiere zähmen, sie können nur in der Freiheit der Camargue halten werden. Ihre Erscheinung ist wirklich imposant, sie sind kräftige Tiere mit beeindruckenden Hörnern.

In mehr als sechzig Städten Südfrankreichs finden Stierkämpfe statt, zum Beispiel auch in der römischen Arena von Arles. Als Tierfreundin finde ich das weniger erfreulich, allerdings sind die Course Camarguaise völlig unblutig. Es handelt sich eigentlich eher um riskante Stierspiele, die strengen Regeln unterworfen sind. Dabei geht es darum, den Stier auszutricksen und die an seinem Gehörn befestigten Kokarden und Quasten mit einer Art Kamm, dem »crochet«, zu erhaschen. Pro eroberter Trophäe gibt es für den Stierkämpfer, den »raseteur«, einen Geldpreis, doch die kampfeslustigen Stiere machen es den jungen Männern nicht leicht. Oft hilft nur ein hastiger Sprung über die Bretterwand, um sich vor den Hörnern in Sicherheit zu bringen. Nach fünfzehn Minuten ist der Wettkampf beendet, und der nächste Stier kommt an die Reihe. Stiere, die ihre Quasten erfolgreich verteidigen, gelten als Sieger und werden wie Helden gefeiert. Ihre Karriere dauert fünfzehn Jahre, danach fristen sie ihren Ruhestand in der Freiheit.

Doch wo sind die weißen Wildpferde? Das Camargue-Pferd wurde schon von Julius Caesar erwähnt. Er zeigte sich so begeistert von den kleinen, robusten Pferden, dass er Gestüte für sie in der Gegend von Arles gründen ließ. Als die Mauren nach Südfrankreich vordrangen, vermischten sich die Camargue-Pferde mit deren Araber- und Berber-Pferden, doch davon abgesehen sind die Camargue-Pferde rasserein. Ihre Fohlen kommen mit dunklem Fell zur Welt, und erst die ausgewachsenen Pferde werden im Alter von fünf bis sieben Jahren weiß. Sie haben einen ausgeprägten »Cow Sense« und werden deshalb von den Cowboys, die die Herden der Kampfstiere hüten, sehr geschätzt.

Die Zucht dieser Tiere findet tatsächlich in einem sogenannten »Wilden Gestüt« statt. Wie im Merfelder Bruch bei Dülmen in Westfalen leben die Pferde in riesig großen, naturbelassenen Freigehegen wie in freier Wildbahn zusammen, ohne jede züchterische Kontrolle. Und es gibt sie nicht erst seit den Zeiten Caesars hier in der Camargue, sondern mindestens schon seit der Jungsteinzeit. Vermutlich stammen sie von eiszeitlichen Solutrépferden ab. Sie sind zutraulich und lammfromm, und doch werden wir sie in freier Wildbahn eher nicht zu Gesicht bekommen. Zu groß ist das Gebiet, in dem sie leben, und zu undurchdringbar.

Ich muss mich also damit begnügen, die Camargue-Pferde auf einer umzäunten Weide anzuschauen. Und dabei mache ich die Bekanntschaft mit einer anderen Tierart, die die Camargue gleich milliardenfach bevölkert: blutrünstige Mücken. Das Wildleben der Camargue ist wohl doch etwas anders, als ich es mir vorgestellt hatte.

Wer aber die Sumpflandschaft auf dem Rücken eines echten Camargue-Pferdes entdecken möchte, der findet unter den zahllosen Reiterhöfen mit Sicherheit auch solche, die ihre Tiere freundlicher behandeln als diejenigen, die mir bei meiner Ankunft auffielen. Ein Ausritt durch die Landschaft der Camargue ist für alle Reiter ein Traum. Zumindest, wenn sie genug Mückenschutzmittel mitgebracht haben.

Bœuf Gardiane – Rinderschmortopf aus der Camargue

Zutaten für 4 Personen:

12 kg Rinderschmorfleisch
4 Zwiebeln
6 Knoblauchzehen
8 Möhren
¾ l Rotwein
150 g schwarze Oliven (entsteint)
1 Bouquet garni (Kräuterstrauß aus Petersilie Thymian und Lorbeer)
Olivenöl
Salz
Pfeffer

Zubereitung:

Das Fleisch in große Stücke schneiden. Knoblauch, Zwiebeln und Möhren schälen bzw. putzen und in kleine Würfel schneiden. In einer Schüssel das Gemüse mit dem Wein vermischen und das Fleisch in der Flüssigkeit 24 Stunden bei Zimmertemperatur marinieren.

Danach durch ein Sieb abgießen, Fleisch und Gemüse trennen, die Flüssigkeit auffangen. Das Fleisch mit Küchenkrepp trocken tupfen. In einem Bräter Olivenöl stark erhitzen und das Fleisch nach und nach darin anbraten. Mit der Marinade ablöschen und aufkochen lassen. Dann die Hitze reduzieren, das Gemüse, das Bouquet garni und die abgetropften Oliven beigeben und das Ganze 2 ½ Stunden bei geringer Hitze köcheln lassen. Anschließend das Bouquet garni entfernen und mit Salz und Pfeffer abschmecken.

Auf tiefen Tellern mit der Sauce und dem Gemüse anrichten und mit Baguette servieren.

Der Schädel und das Horoskop – die Geschichte des Nostradamus

»Dort ist es!«, brüllte der junge Soldat und stürmte los. Aufgeregt schloss sich ihm die Rotte seiner Kameraden an, die irritiert im Halbdunkel der Kirche gestanden hatten. Blinzelnd hatten sie dort Orientierung gesucht. Irgendwo im Schatten des Säulengangs musste es sein. Das Grab des teuflischen Freundes der Monarchen.

Und tatsächlich! Der junge Soldat hatte es entdeckt! Wie im Fieber zerrten sie an der Grabplatte, wuchteten sie schließlich empor. Vor ihnen lagen die bleichen Gebeine des Mannes, der 225 Jahre zuvor gestorben war. Durch das Kirchenschiff hallte wildes Triumphgelächter der Männer. Sie rissen die Knochen heraus und warfen sie durch die Luft. Der junge Soldat aber griff sich den Schädel und hielt ihn triumphierend in die Höhe. »Nichts als ein leeres Gefäß bist du, Königsarzt«, rief er, »nun sieh, wozu du einzig taugst!« Dann drehte er den Schädel um, füllte ihn aus dem Trinkschlauch, in dem er Wein bei sich trug, hob ihn erneut und ließ unter dem tobenden Beifallsgebrüll seiner Kameraden die Flüssigkeit aus dem Schädel in seinen Mund laufen.

Diese makabre Geschichte soll sich während der Wirren der Französischen Revolution zugetragen haben. Soldaten der Nationalgarde aus Marseille drangen in die kleine Minoritenkirche ein und schändeten in blinder Zerstörungswut das Grab des Michel de Nostredame, genannt Nostradamus. Warum sie diese irrsinnige Wut verspürten, ist nicht überliefert. Aber es kann wohl angenommen werden, dass die Karriere des Nostradamus den Ausschlag gab.

Denn es hieß, dass Nostradamus zwei Jahre vor seinem Tod im Jahr 1566 zum Leibarzt des Königs Karl IX. ernannt worden war. Insbesondere dessen Mutter, Caterina de' Medici, fand Gefallen an dem eloquenten Mann. Sie interessierte sich für alle Mysterien, die für den menschlichen Geist im Dunkeln verborgen liegen, für Okkultes, für Magie und Astrologie. Und Nostradamus genoss einen hohen Ruf als berühmter Seher. Schon seit vielen Jahren veröffentlichte er alljährlich seinen Almanach, in Metaphern verschleierte Verse, mit denen er behauptete, die Zukunft vorherzusagen. Einen gewaltigen Zeitraum umfassen diese Prophezeiungen, nämlich exakt 3797 Jahre. So jedenfalls erklärte es Nostradamus seinem Sohn César.

Viele Tatsachen über Nostradamus gerieten mit dem Verrinnen der Jahrhunderte in Vergessenheit. Anderes wurde hinzugedichtet oder verfälscht. So kommt es, dass über die meisten Fakten im Zusammenhang mit Nostradamus nur noch spekuliert werden kann.

Fest steht, dass der berühmte Seher am 14. Dezember 1503 in Saint-Rémy bei Arles in der Provence geboren wurde. Doch schon um seine Abstammung ranken sich die ersten Mythen. Seine beiden Großväter sollen die Leibärzte des zur damaligen Zeit sehr verehrten Königs René gewesen sein, doch tatsächlich betätigte sich der eine wohl als Getreidehändler und Notar, der andere als Landarzt und Steuereintreiber. Jedenfalls arbeitete auch sein Vater im Getreidehandel und außerdem als kirchlicher Notar von Saint-Rémy.

Die Ahnen der Familie stammten aus einer jüdischen Gemeinde und konvertierten irgendwann zum Katholizismus.

Bei dieser Gelegenheit änderten sie ihren Namen zu »Nostredame«.

Der Urgroßvater nahm den kleinen Michel unter seine Fittiche und lehrte ihn Latein, Griechisch, Hebräisch sowie Mathematik, aber auch die zur damaligen Zeit als Wissenschaft anerkannte Astrologie. Als Uropa starb, schickte die Familie Michel auf die Universität von Avignon. Hier studierte er das »Trivium«, die drei sprachlichen Fächer der »Sieben Künste«. Dabei handelte es sich um Grammatik, Dialektik und Rhetorik, gelehrt wurde also der korrekte Gebrauch der Sprache in Form, Inhalt und Verständlichkeit. Von diesem Wissenschaftszweig des »Trivium« leitet sich übrigens das Wort »trivial« ab, das ursprünglich nicht im Sinne von »banal«, sondern im Sinne von »zur grundlegenden Bildung gehörend« benutzt wurde.

Auf dieses Studium sollte dann das »Quadrivium« folgen, der mathematische Studienzweig mit den Fächern Arithmetik, Geometrie, Musik und Astrologie, was die »Sieben Künste« vervollständigte. Doch zu dieser umfassenden Ausbildung des Michel de Nostredame sollte es nicht mehr kommen. In Avignon brach die Pest aus, der junge Student verließ die Stadt und die Provence.

Er verdingte sich von nun an als Apotheker in Port-Sainte-Marie, einer Ortschaft zwischen Bordeaux und Toulouse. Ob er seine wissenschaftlichen Studien irgendwann wieder aufnahm, ist nicht bekannt. In den folgenden Jahren lebte er an verschiedenen Orten, er heiratete und wurde Vater, verlor seine junge Familie aber durch eine unbekannte Krankheit. Er bekam Ärger mit der Inquisition, weil man ihm unterstellte, mit dem damals aufkommenden Protestantismus zu liebäugeln. Ob er das wirklich tat, lässt sich nicht mehr belegen. Allein die Vorladung durch die Inquisition reichte Nostradamus jedenfalls, um schleunigst das Weite zu suchen. In den nächsten Jahren reiste er durch das Elsass, durch Lothringen und wohl auch durch Italien. Über seine genaue Reiseroute ist allerdings nichts mehr bekannt.

Der Tod seines Vaters brachte ihn schließlich zurück in die Provence. Er heiratete erneut und wurde sesshaft. Offensichtlich hatte die Inquisition ihn in der Zwischenzeit vergessen oder verfolgte ihn nicht bis in seine Heimat, denn er blieb unbehelligt. Mehr noch, er genoss Erfolg als Unternehmer und Spekulant, kam zu Geld, Ansehen und fünf Kindern.

Seine sprachliche Kreativität und seine überbordende Fantasie brauchten dringend ein Ventil, und jetzt konnte er sich endlich eine nebenberufliche Freizeitbeschäftigung leisten: 1550 begann er mit dem Schreiben der Almanache, die er ab 1555 jährlich veröffentlichte. Inhaltlich nebulös, vieldeutig, doch eloquent dichtete er in französischer Sprache, erzählte von den wunderlichsten Dingen und prophezeite zukünftige Dramen, ohne sich dabei allzu sehr festzulegen. In seine Schriften lässt sich deshalb alles Mögliche hineininterpretieren – üppiger Raum für die wildesten Spekulationen seiner Leserschaft. Bisher fassten Autoren derartiges Schrifttum üblicherweise auf Lateinisch ab. Die französische Sprache machte die Schriften des Nostradamus nun einem viel breiteren Publikum zugänglich – der Erfolg war deshalb phänomenal. Er erlangte große Berühmtheit.

Heinrich II., König von Frankreich, lud den Star an seinen Hof ein, doch wusste der König mit dem merkwürdigen Guru wenig anzufangen. Anders Caterina de' Medici, die Königin: Sie zeigte sich begeistert! Deshalb ließ sie Nostradamus Horoskope für ihre Kinder erstellen. Als Heinrich starb und ihr Sohn Karl IX. zum König gekrönt wurde, überredete Caterina diesen, Nostradamus zu seinem Leibarzt zu ernennen. Und das, obwohl Nostradamus über keinerlei ärztliche Ausbildung verfügte.

Er konnte sich nicht einmal selbst heilen. Immer häufiger auftretende heftige Gichtanfälle schädigten seine Nieren schließlich schwer, zudem litt er an Wassersucht. Nostradamus starb nur zwei Jahre nach seiner Beförderung zum königlichen Leibarzt im Alter von 62 Jahren in Salon-de-Provence, einem 30 Kilometer von Saint-Rémy entfernten Städtchen, wo er seine letzten Jahre verbracht hatte.

Was ist von den Vorhersagen des Nostradamus zu halten? Er hat behauptet, seine Prophezeiungen würden bis ins Jahr 3797 reichen, und ihre Formulierungen sind so offen, dass sich das Eintreffen der Vorhersagen weder bestätigen noch dementieren lässt. Die von ihm erstellten Horoskope sind voller Fehler, manche sind sogar völlig abwegig. Gilt das auch für seine Vorhersagen? Auf Grund welcher Basis hat er sie überhaupt erstellt? Wie kommt er auf die völlig willkürlich erscheinende Zahl 3797?

Nostradamus verehrte einen anderen Astrologen, seinen Zeitgenossen Arcandam. Unter diesem Pseudonym verfasste ein Arzt aus Lyon düstere Prophezeiungen. Nach Arcadams Überzeugung galt 2242 als das Jahr des Weltuntergangs. Nostradamus veröffentlichte im Jahr 1555 seinen ersten Almanach. Addiert man 1555 und 2242, so erhält man 3797. Das würde aber bedeuten, dass Arcandam den bevorstehenden Weltuntergang nicht für das Jahr 2242, sondern nach Ablauf von 2.242 Jahren terminierte, und dass Nostradamus in die Zeitspanne seiner Prophezeiungen auch die bereits vergangenen 1.555 Jahre mit einbezog. Was wiederum die Möglichkeit der Zuordnung der von ihm beschriebenen Geschehnisse noch weiter erschwert. Denn auf die Angabe von Jahreszahlen hat er vollständig verzichtet.

Trotzdem – oder vielleicht gerade deshalb – ist es ihm gelungen, zum berühmtesten Zukunftspropheten aller Zeiten aufzusteigen. Die Zahl seiner Anhänger ist heute größer denn je, das Mysterium um ihn hat nichts von seiner Faszination eingebüßt. Und vielleicht liegt der Grund hierfür gerade in der Vielschichtigkeit der Interpretationsmöglichkeiten und der Rätsel, die Nostradamus aufgibt. All das verleiht der Fantasie weite Schwingen.

Die Knochen des Nostradamus, die von den plündernden Soldaten 1791 so pietätlos verstreut wurden, haben andere wieder eingesammelt. Sie wurden erneut bestattet und ruhen jetzt in der Dominikanerkirche Saint-Laurent im Städtchen Salon-de-Provence.

Vin d'orange – Orangenwein

Zutaten:

1 Flasche Roséwein
5 unbehandelte Orangen
2 Zimtstangen
100 ml Orangenlikör

Zwei Wochen später:
1 Bund frische Minze
1 Flasche Crémant

Zubereitung:

Die Orangen waschen und mit dem Zestenschneider die äußere Schale entfernen. In einem gut verschließbaren Topf die Zesten mit dem Orangenlikör begießen, zwei Stunden lang ziehen lassen. Im Anschluss mit dem Roséwein aufschütten, die Zimtstangen hinzugeben und das Ganze an einem kühlen Ort 14 Tage stehenlassen. Dabei gelegentlich durchrühren.

Vor dem Verzehr die Flüssigkeit durch ein Sieb in einen Bowletopf gießen und für drei Stunden in den Kühlschrank stellen. Die Minzeblättchen waschen und abzupfen, trocken tupfen und in den Orangenwein geben. Mit gut gekühltem Crémant aufschütten, nach Geschmack auf Eiswürfeln servieren.

Ein Märchen mit traurigem Ende – Marseille

Nann war König der Kelten. Er herrschte über ein sonnengeküsstes Land, seine Untertanen führten ein glückliches Leben. Und Gyptis, seine Tochter, galt als das schönste Mädchen weit und breit. Anmutig, gebildet und voller Herzenswärme, von schlanker und aufrechter Gestalt. Das lange Haar fiel ihr in weichen Wellen über die Schultern, gerade so, als sei sie eine zauberhafte Nymphe.

Wie glücklich musste sich der Mann schätzen, der Gyptis zur Frau nehmen durfte! Nann liebte seine Tochter über alles, deshalb erlaubte er es ihr, sich ihren künftigen Gatten selbst zu erwählen. An einem milden Abend zur Sommersonnenwende kamen die vornehmsten Jünglinge an der Küste zusammen. Am Strand zwischen den Felsen loderte ein Feuer, und die tief stehende Sonne verzauberte den Abend mit prachtvollen Farben. Gyptis hielt einen bronzenen Kelch in den Händen, diesen würde sie dem Mann ihrer Wahl überreichen, sodann sollte die Hochzeit stattfinden.

Da tauchte ein unbekanntes Schiff auf dem Meer auf, und während alle Augen gebannt auf Gyptis und ihrem Kelch ruhten, landete ein Beiboot mit Fremdlingen am Strand. Gyptis aber ging auf die Neuankömmlinge zu. Deren Anführer war Protis, ein hochgewachsener Recke mit stolzem Blick und schwarzem Haar. Die Blicke von Protis und Gyptis trafen sich, wie verzaubert hob Gyptis den Kelch und reichte ihn Protis…

Eine alte provenzalische Legende erzählt diese romantische Geschichte. Und sie geht noch weiter: Die keltischen Jünglinge mögen vielleicht verblüfft gewesen sein, doch verärgert reagierten sie nicht. Es stellte sich heraus, dass es sich bei den Fremden um griechische Siedler handelte. Und während Gyptis und Protis heirateten, verbrüderten sich Kelten und Griechen miteinander. Gemeinsam gründeten sie in der Bucht, in der sie erstmals aufeinandergetroffen waren, eine Stadt und nannten diese Massalia – Marseille!

Zumindest eines an dieser Geschichte ist wahr: Marseille wurde um 600 v. Chr. von Griechen gegründet. Um genauer zu sein, handelte es sich um Phokäer aus Kleinasien, die mit den Bewohnern der Küste Liguriens Handel trieben. Von diesen bekamen sie das zur Bronzeherstellung begehrte Zinn, im Gegenzug lieferten sie feine Töpferwaren und kostbares Geschmeide.

Als in Kleinasien aber Probleme mit persischen Eindringlingen aufkamen, verließen die Phokäer ihre Heimat und gründeten eine neue Stadt in einem natürlichen Hafenbecken, das sie auf ihren Fahrten entlang der Riviera entdeckt hatten.

Damit zogen sie das große Los: Durch die günstige Lage entwickelte sich ihre Siedlung schnell zu einer Handelsmetropole. Denn die Küste zeigte sich meist schroff und felsig, geschützte Landeplätze wie der Hafen von Massalia stellten eine Seltenheit dar. Die ligurischen Herrscher brachten zudem keine Einwände gegen die neuen Nachbarn vor, und mit den einheimischen Kelten lebten die Phokäer in friedlichem Einvernehmen. War es doch dank des prosperierenden Handels für alle eine Win-win-Situation.

Streit keimte erst nach ein paar Jahrhunderten auf, als Kelten aus dem Norden Galliens angriffen. Die machtpolitisch aufstrebenden Römer wurden zu Hilfe gerufen – und blieben. Massalia wurde römisch. Später, in der wirren Zeit nach dem Untergang des römischen Reichs, wechselten die Herrscher, bis Marseille sich schließlich befreite, Unabhängigkeit erlangte und sich im ausgehenden 15. Jahrhundert dem Königreich Frankreich anschloss.

Von nun an besaß Frankreich einen mächtigen Hafen am Mittelmeer. Von hier aus machten sich Franzosen auf den Weg, um Afrika und Südasien zu kolonialisieren. Mit der Eröffnung des Suezkanals wurde die Reise noch einfacher – Marseille stieg zum bedeutendsten Hafen Frankreichs und zu einem Zentrum der Mittelmeerseefahrt auf. Es war jetzt eine prachtvolle und superreiche Stadt.

Doch allmählich zog die Wende herauf. Die traditionellen Industrien Frankreichs erlebten nach dem Zweiten Weltkrieg ihren Niedergang. Schiffbau und Schwerindustrie spielten keine Rolle mehr. Der aus den Kolonien herbeigeschaffte Reichtum versiegte, denn die Kolonien entledigten sich der Herrschaft Frankreichs und ließen sich nicht länger ausbeuten. Stattdessen kamen die Menschen.

Zehntausende von Algerienfranzosen, abfällig als »pieds-noirs«, »Schwarzfüße«, bezeichnet, ließen sich schon in den Sechzigerjahren des letzten Jahrhunderts in Marseille nieder. Eilfertig wurden Wohnsilos für die neuen Mitbürger hochgezogen, billige Massensiedlungen, die sich schnell in Ghettos verwandelten. Denn es gab nicht genug Arbeit für all die vielen Menschen. Illegale Einwanderung, Kriminalität und Schmutz ließen die Situation immer aussichtsloser werden. Schließlich kam es in den Siebzigerjahren zu rassistischen Übergriffen durch die alteingesessene Bevölkerung. Es gab an die hundert

Tote, Frankreich reagierte entsetzt. Der ehemalige Vorzeigehafen war zu einem Moloch aus Gewalt und Hass mutiert.

Wer es sich leisten konnte, verließ in den Folgejahren die Stadt, siedelte sich in exklusiven Vororten an oder zog gleich in eine ganz andere Region. Den frei gewordenen Raum besetzten immer mehr Einwanderer aus dem Maghreb, viele davon kamen illegal nach Frankreich. Doch diese Menschen fanden keinerlei soziale Infrastruktur, die sie hätte auffangen können. Armut, Raub, Mord, Drogen und Prostitution waren deshalb an der Tagesordnung.

Die üblen Verhältnisse in der Stadt zogen es nach sich, dass auch ihre letzte große Bastion, der florierende Hafen, schließlich zu schwächeln begann. Die aus häufigen Streiks und schlechter Arbeitsmoral resultierende Unzuverlässigkeit sorgte für eine immer prekärer werdende Auftragslage. Hinzu kam, dass das Management der staatlichen Hafengesellschaft die mit Riesenschritten voranschreitende Entwicklung des Containergeschäfts komplett verschlief. Der Hafen veraltete, verlor seine Bedeutung und dümpelte nur noch vor sich hin.

So kann es nicht weitergehen, sagten sich die Stadträte in den Neunzigerjahren und begannen dagegenzuhalten. Sie investierten in Sanierungsmaßnahmen und in Kulturförderung. Die alte Prachtstraße Rue de la République wurde wieder auf Hochglanz poliert. Dieser Boulevard war während des Zweiten Kaiserreichs nach Pariser Vorbild im Stil des berühmten Stadtplaners Haussmann entstanden. Doch als das Bürgertum, das er anlocken sollte, ausblieb, wurde er dem Verfall anheimgegeben. Nun erhielt die verwahrloste Straße durch Sanierung der alten palastartigen Häuser, durch Anpflanzung von Bäumen und verkehrsberuhigende Maßnahmen neuen Charme. Edle Boutiquen und schicke Apartments sorgten für vornehmes Flair.

Überall wurde jetzt gebaut. So entstand am Hafen ein hypermoderner Museumswürfel. Die alte Festung Fort-Jean wurde aufwendig restauriert und in einen erlebnisreichen Vergangenheitsparcours umgestaltet, mit dem Ziel, Tradition und Zukunft der Mittelmeerregion zu visualisieren. Allerorts montierte Videokameras, Sicherheitszonen und unentwegte Polizeipatrouillen, die dank Mountainbikes auch enge Gassen und steile Treppen überwachen, sorgen für die ständige Kontrolle der Innenstadt. Der Einsatz trug Früchte: Marseille erhielt 2013 den Status einer europäischen Kulturhauptstadt.

In der Folge dieser Entwicklung stiegen die Mieten in der City. Wer sich das nicht leisten konnte, wurde in die Randgebiete der Stadt abgedrängt. Hier lebt ein Drittel der Einwohner an der Armutsgrenze.

So kommt es, dass man heute auf prunkvollen Boulevards durch Marseille flanieren kann, während wenige Kilometer weiter im Norden der Stadt die Autos brennen, angezündet von herumlungernden Jugendlichen ohne Zukunftsperspektive. Hier in den Banlieues, den Stadtgebieten mit Betonkasernen aus den Sechzigerjahren, floriert allein der Drogenhandel. Ganze Stadtviertel driften in eine finstere Parallelwelt voller Aussichtslosigkeit ab. Für jeden festgenommenen Drogendealer rücken umgehend ein paar andere nach. Denn in den sozialen Brennpunkten der Stadt ist das Rauschgiftgeschäft der größte Arbeitgeber. Dazu kommen die blutigen Bandenkriege, gewaltsame Todesfälle sind gang und gäbe. Alle bisherigen Gegenmaßnahmen der Stadt verliefen im Leeren.

Das hat sogar dazu geführt, dass Lokalpolitiker den Einsatz der Armee forderten. Doch kann es wirklich eine dauerhafte Lösung sein, auf Gewalt mit Gegengewalt zu reagieren? Im Viertel Cité de la Castellane zum Beispiel verlassen fast 70 Prozent der Jugendlichen die Schule, ohne einen Abschluss erreicht zu haben. Jeder zweite Jugendliche in den verwahrlosten Hochhaussiedlungen ist arbeitslos. Und teilweise liegt die Arbeitslosenquote unter allen Bewohnern bei bis zu 70 Prozent.

Es sind fast ausschließlich Migranten, die dieses Schicksal trifft. Statistisch ist nicht erfasst, wie viele Migranten sich tatsächlich unter den 850.000 Einwohnern von Marseille befinden. Denn die Herkunft und die Religion eines Bürgers dürfen in Frankreich per Gesetz nicht registriert werden. Doch fünfzig Jahre Einwanderung haben das Gesicht von Marseille verändert. Gegenüber dieser Entwicklung hat die Stadt die Augen verschlossen und tatenlos dabei zugesehen, wie eine Subgesellschaft entstand. Wer dort hineingeboren wird, wächst mit den bizarren Normen und Gesetzen dieser Parallelwelt auf, ohne jede begründete Hoffnung, irgendwann einmal an der legalen Gesellschaft teilhaben zu können.

Im trostlosen Staub vor den Plattenbauten der Cité de la Castellane spielen ein paar Jungs Fußball auf dem Beton. Vor Jahren hat es einer von ihnen geschafft und avancierte zum umjubelten Star des ganzen Landes: der Ausnahmefußballer Zinédine Zidane. Als Kind einer Einwandererfamilie aus Algerien gelang ihm ein sagenhafter Aufstieg aus der Tristesse der Banlieues von Marseille. Wann wird die Stadt auch den anderen Bürgern dieser Viertel die Hand reichen?

Bouillabaisse – Fischsuppe aus Marseille

Zutaten für 4 Personen:

Traditionell werden für die Fischsuppe aus Marseille mindestens 7 Sorten Fisch benötigt. Nehmen Sie, was Sie bekommen können, am besten: je 150-200 g Petersfisch, Knurrhahn, Rotbarbe, Meeraal, Seeteufel, Seewolf, Wolfsbarsch und/oder Drachenkopf, dazu 200 g Garnelen mit Schale, 300 g Miesmuscheln, gerne auch ein bisschen Languste.

Außerdem:

2 Möhren
1 Zwiebel
1 Fenchelknolle
5 Knoblauchzehen
10 Safranfäden
4 Thymianzweige
2 Lorbeerblätter
500 g Tomaten
Olivenöl
5 El Pastis
250 ml Weißwein
30 g Tomatenmark
Salz Pfeffer
1 unbehandelte Orange

Für die Rouille (Knoblauchsauce):

250 g Crème fraîche
1 geschälte und gekochte Kartoffel
5 Knoblauchzehen
1 El Olivenöl
2 El Fischbrühe
1 Tl Zitronensaft
10 Safranfäden
2 kleine rote Pfefferschoten
Pfeffer, Salz, Zucker

Außerdem:

4 unbehandelte Orangen
4 Scheiben Weißbrot
Baguette

Zubereitung:

Für die Rouille die Knoblauchzehen schälen und in Stücke hacken. Die Pfefferschoten waschen, halbieren, entkernen und zusammen mit dem Knoblauch im Mörser zerdrücken.

Die Kartoffel dazugeben und ebenfalls zerdrücken. In eine Schüssel füllen und die Crème fraîche, die Brühe, das Olivenöl und den Zitronensaft unterrühren. Mit Salz, Pfeffer und 1 Prise Zucker abschmecken, den Safran unterrühren und die Rouille in den Kühlschrank stellen.

Für die Suppe den Fisch putzen, Gräten entfernen, die Abschnitte und Gräten aufheben. Die Garnelen/Languste schälen. Die Muscheln unter fließendem Wasser abspülen, geöffnete Exemplare entfernen. Die Fischabschnitte, Gräten und die Schalen in einen Topf mit 1 ½ Litern Wasser geben und 30 Minuten bei milder Hitze köcheln lassen. Dabei den Schaum abschöpfen. Anschließend durch ein Sieb abgießen und die Brühe auffangen.

Die Möhren schälen und in Scheiben schneiden, Zwiebel und Knoblauch schälen und fein hacken, den Fenchel würfeln, die Tomaten häuten, entkernen und vierteln. Die Orange waschen und mit dem Zestenschneider die äußere Schale ablösen.

In einer Pfanne etwas Olivenöl erhitzen und die Fischfilets darin kurz anbraten. Salzen, pfeffern und aus der Pfanne nehmen. Nun etwas Öl in die Pfanne nachfüllen, erneut erhitzen und Zwiebeln, Fenchel, Knoblauch und Möhren anbraten. Mit dem Pastis ablöschen, das Tomatenmark unterrühren und mit der Fischbrühe und dem Wein in einen Topf füllen. Aufkochen, dann die Hitze reduzieren. Thymian, Lorbeer, Orangenschale und Safran dazugeben, salzen, pfeffern und 30 Minuten bei schwacher Hitze ziehen lassen.

Nun die Fischfilets, Muscheln, Garnelen sowie die Tomaten hinzugeben. Abdecken und 5 Minuten ziehen lassen. Muscheln, die sich nicht geöffnet haben, entfernen. Thymian, Lorbeer und Orangenschale ebenfalls entfernen.

Die Weißbrotscheiben rösten. Die 4 Orangen waschen und in Scheiben schneiden. Zum Servieren Fische, Meeresfrüchte und Gemüse auf einer vorgewärmten und mit den Orangenscheiben belegten Platte anrichten. Die gerösteten Weißbrotscheiben in Suppenteller legen, mit der Suppe begießen und sofort servieren.

Dazu Baguette und Rouille reichen.

Das älteste schriftliche Rezept für diese traditionelle Suppe stammt aus dem 18. Jahrhundert. Von alters her bereiteten die Fischer sie aus den Resten ihres Fangs in Meerwasser zu. Sie hieß damals aber noch »matelote de poisson«. Die »bouillabaisse« ist eine verfeinerte Version davon. »Bouillabaisse« galt ehemals in der Provence als Name verschiedener Suppen, die nicht unbedingt Fisch enthalten mussten.

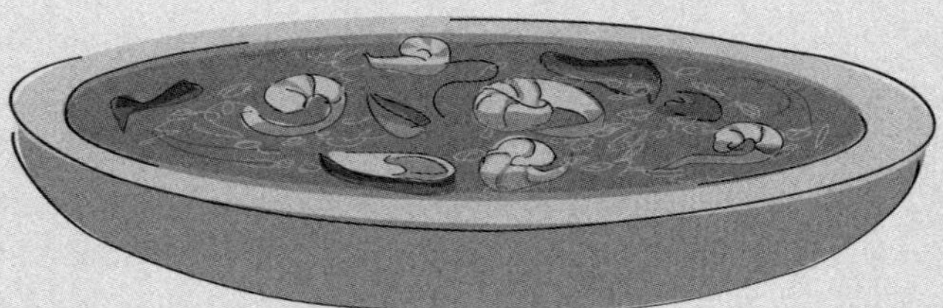

Ein rauschendes Fest – die Zeit der Lavendelblüte

Der Juli ist die schönste Zeit in der Provence. Prachtvoll liegt der Hochsommer über dem Land und mit ihm eine farbenfrohe, beschwingte Lässigkeit. Alle Sorgen und Probleme sind in weite Ferne gerückt, der Alltag macht Pause. Was gibt es Herrlicheres, als jetzt in einem Cabrio durch die Landschaft zu cruisen?

Doch es gibt tatsächlich noch eine Steigerung. Wir fahren um eine Kurve, und plötzlich tauchen wir in einen Ozean aus Lavendelduft. Die Landschaft, eben noch grün und strohgelb, erstrahlt mit einem Mal in leuchtendem Violett! Wir kommen aus Richtung Westen nach Sault, und bevor es hinunter ins Tal geht, schauen wir sprachlos von einem Aussichtspunkt auf ein Mosaik aus lila Feldern. Unten angekommen fahren wir gleich dorthin und finden uns in einem Rausch aus Farben und Aromen wieder, ein wahres Fest für die Sinne.

Die Lavendelfelder liegen in der Hochprovence zwischen Beaucaire und Salon-de-Provence, im Vaucluse zwischen Sault und dem Tal der Durance sowie auf der Hochebene zwischen Valensole und Riez. Von der zweiten Junihälfte bis zur Mitte des Augusts verzaubern sie die Landschaft, als wollten sie diese für ein märchenhaftes Fest ausstatten. Die Ernte beginnt aber schon im Juli, deshalb schwindet die Pracht zum August hin mehr und mehr. Wer schwelgen will, kommt am besten

Anfang Juli. Die Ernte beginnt in den Regionen jeweils zu unterschiedlichen Zeiten, genaue Auskunft können die einzelnen Tourismusbüros geben. Denn der Zeitpunkt der Ernte variiert von Jahr zu Jahr, je nach der jeweiligen Wetterlage.

Lavendel ist eine typische Pflanze der mediterranen Macchia, also des immergrünen Gebüschs der Mittelmeerregionen. Er wurde schon während der Antike in der Provence kultiviert. Heute werden hier zwei Sorten angebaut. Da ist zum einen der Echte Lavendel, der in Lagen zwischen 600 und 1.500 Höhenmetern wächst. Seine Heilkräfte sind schon seit vielen Jahrhunderten bekannt und geschätzt. Er liefert das kostbarste Lavendelöl.

Aber er ist nicht so ertragreich wie die andere Sorte der Provence, der Lavandin. Lavandin ist eine natürliche Hybride von Echtem Lavendel und Breitblättrigem Lavendel. Er wächst in 300 bis 600 Metern Höhe und ist wesentlich üppiger als der Echte Lavendel. Auch bringt er bereits nach einem Jahr Ertrag, während der Echte Lavendel zwei bis vier Jahre bis zur ersten Nutzung heranwachsen muss. Infolgedessen verdrängt der Lavandin den Echten Lavendel in der Provence mehr und mehr. Leider ist aber der Lavandin nicht so wertvoll wie der echte Lavendel. Qualität und Wirkungskraft seines Öls sind nicht ganz so hoch, und er duftet auch nicht so intensiv. Generell gilt: Je höher die Lage, in der eine Lavendelpflanze wächst, desto schwächer der Geruch.

Lavendel kann eine ganze Menge. Sein Duft ist angenehm und wirkt beruhigend, entspannend und wohltuend, deshalb nimmt er einen zentralen Platz in der Aromatherapie ein. Aber Lavendelöl hat auch eine antibakterielle Wirkung, darüber hinaus auch antivirale und antimykotische Kraft. Es wirkt entzündungshemmend und hautberuhigend. Daher dient es zur Behandlung von Haut- und Nagelpilzerkrankungen, gegen Infektionen im Hals-, Nasen und Ohrenbereich, zur Behandlung von Wunden und Narben sowie in der Haut- und Haarpflege.

Außerdem findet es Nutzung bei Problemen mit dem Magen- und Darmtrakt, weil es blähungshemmend, verdauungsfördernd und galletreibend wirkt. Bei rheumatischen Erkrankungen schafft es Linderung, sich mit Lavendelöl einzureiben.

Lavendelduft hilft beim Einschlafen und sorgt für entspannte Nachtruhe. Außerdem wirkt er gegen Migräne. Gegen Nervosität helfen Lavendeltees oder Badezusätze und Duftlampen mit Lavendelextrakt. Bei Lungenerkrankungen und Nebenhöhlenproblemen hilft die Inhalation von ätherischem Lavendelöl. Insektenstiche jucken gleich weniger, wenn ein bisschen davon daraufgetupft wird. Und zudem wehrt dieses wahre Zaubermittel auch noch Motten ab.

Es gibt Lavendelprodukte wie ätherische Öle in verschiedener Qualität, aromatisierendes Duftspray oder getrocknete Blüten für Tees und Duftsäckchen. Außerdem wird Lavendelpulver oder -parfum verkauft. Lavendel dient als Zutat von Lotionen, Emulsionen, Shampoos und Seifen oder einfach als attraktiver Trockenstrauß. In den Läden und auf den Märkten der Provence bekommen Sie alles, was das Herz begehrt. Hier finden Sie auch die jungen Blätter, die zum Verfeinern von Eintöpfen, Fisch, Lammfleisch oder Suppen verwendet werden. Mit getrockneten Blüten werden Desserts, Limonaden, Eiscreme oder Schokolade aromatisiert. Und die Bienen der Provence machen köstlichen Lavendelhonig aus den Blüten, da deren Nektar einen sehr hohen Zuckergehalt aufweist.

Mancherorts befinden sich Hofläden gleich neben den Lavendeldestillen. Hier ist die Luft schwül getränkt vom Lavendelduft. Nebenan auf dem Lavendelfeld fährt gerade die Mähmaschine und schneidet die Blütenstängel fast schon rabiat von den Pflanzen. Die nächste Erntemaschine presst den Lavendel zu riesigen Ballen. Diese Ballen werden in großen Töpfen ausgekocht, das Destillat fließt über kühlende Lavendelkanäle ab. Ausgekochte Ballen landen noch dampfend auf großen Halden und verbreiten ihren erschöpften, jetzt fast unangenehmen Geruch. Das alles ist ein berauschendes Erlebnis, es lohnt sich, auf einem solchen Lavendelhof anzuhalten, sich die Prozedur anzusehen und vor allem, die Sinfonie der Aromen wahrzunehmen.

Die insgesamt mehr als 900 Kilometer der Lavendelstraßen »les routes de lavande« bieten einige schöne Touren. In Coustellet gibt es ein ganzes Lavendelmuseum, in dem alles über die talentierte Pflanze verraten wird. Und in der Lavendelstadt Sault können Sie sich auf einen vier Kilometer langen Rundgang durch die Lavendelfelder begeben. Am 15. August, nach Ende der Ernte, schmückt sich Sault dann für das alljährliche Lavendelfest. Solche Feste gibt es im Juli und August vielerorts in der Provence. Und ein mitgebrachtes Duftsäckchen zaubert später den Hauch der Erinnerung an die blühende Provence in die heimische Wohnung.

Truffes d'orange – Orangentrüffel

Zutaten:

1 unbehandelte Orange
50 ml Sahne
200 g weiße Kuvertüre oder weiße Schokolade
1 El Orangenlikör
1 El Lavendelblüten

Zubereitung:

Die Kuvertüre bzw. die Schokolade mit der Küchenreibe grob zerreiben. Die Orange waschen und mit dem Zestenschneider einen 4 cm langen Streifen der Schale abtrennen, in Stückchen schneiden und beiseitelegen. Die restliche Schale (nur den orangen Anteil) abreiben und die Orange auspressen.

In einem kleinen Topf Saft und Schalenabrieb aufkochen und um die Hälfte einreduzieren. Dann die Sahne dazugießen, kurz aufkochen und vom Herd nehmen. Sofort die geriebene Kuvertüre/Schokolade unterrühren und schmelzen lassen. Den Orangenlikör und die Hälfte der Lavendelblüten unterrühren.

Etwas abkühlen lassen, kleine Kügelchen daraus rollen und jeweils in Pralinenförmchen aus Papier setzen. Sofort mit den Schalenstreifen und den restlichen Lavendelblüten dekorieren und im Kühlschrank auskühlen lassen.

Felsen, Dichter und geheimnisvolle Höhlen – von Marseille nach Toulon

Was den Deutschen ihr Brockhaus, das war den Franzosen ihr Larousse. Vor dem Siegeszug der Wikipedia genoss der »Petit Larousse« den Status als Frankreichs meistverkauftes enzyklopädisches Wörterbuch. Das »grand dictionnaire« verhalf dem Verlag zu seinem in Frankreich unangefochtenen Status als Hüter seriösen Wissens.

Deshalb vertraue ich den Machern des Larousse, wenn sie die Côte d'Azur als den Küstenabschnitt zwischen dem kleinen Hafenstädtchen Cassis östlich von Marseille und der Gemeinde Menton an der Grenze zu Italien festlegen. Andere billigen der provenzalischen Küste diesen Namen nämlich erst ab der Höhe von Saint-Tropez zu, doch ich finde, man tut den Gestaden von Cassis unrecht, wenn man sie von dieser so vielversprechenden Bezeichnung ausnimmt.

Die fünfzehn Kilometer lange, schmale und kurvige Küstenstraße »corniche des grêtes«, die von Cassis nach La Ciotat führt, zählt sicherlich zu den schönsten Panoramastraßen, die die Côte d'Azur zu bieten hat. Sie windet sich entlang der Steilküste hinauf zum Cap Canaille, der mit 362 Metern zweithöchsten Klippe Frankreichs. Und der Ausblick von hier oben ist phänomenal. Wie eine natürliche Festung ragt der helle Fels aus dem Meer empor. Der Kalkstein dieser Region galt schon in der Antike als geschätztes Baumaterial, er ist widerstandsfähig und ließ sich dank der Nähe zum Meer leicht mit Schiffen abtransportieren. Er wurde deshalb in vielen Hafenanlagen rund ums Mittelmeer verbaut und dient auch als Sockel der Freiheitsstatue von New York. Um die Küstenfelsen zu schützen, sind die letzten Steinbrüche aber in den Achtzigerjahren des vergangenen Jahrhunderts geschlossen worden.

Heute lebt die Region um Cassis denn auch nicht mehr vom Steinexport, sondern vom Tourismus. Ihr vielleicht größter Schatz sind die Calanques, die schroffen Felseinschnitte in der Küste, die sich zwischen Marseille und Cassis erstreckt. Hier gibt es zauberhafte kleine Buchten mit verträumten Stränden zwischen türkisfarbenem Wasser und hoch aufragenden, blendend hellen Felsen. Sie sind nur mit dem Schiff oder zu Fuß zu erreichen, Autofahrern bleiben die kleinen Paradiese verborgen.

Zahlreiche Wanderwege durchziehen dieses Gebiet, und in Cassis werden Bootstouren angeboten, bei denen vom Meer aus in die engen, fjordähnlichen Buchten eingefahren wird. Die Panoramen, die sich auf einer solchen Tour eröffnen, sind unvergesslich. Es lohnt sich übrigens, rechtzeitig vor der Abfahrt am Anleger zu sein und einen Platz auf der rechten Seite des Schiffs zu ergattern. Denn von dort aus gibt es die beste Sicht. Die Ausflugsschiffe haben oft auch Fenster im Rumpf, die einen Blick in die faszinierende Unterwasserwelt der Buchten gestatten. Deren glasklares Wasser hat sie zu einem beliebten Revier für Taucher gemacht.

Ein Taucher ist es auch gewesen, der 1985 am Cap Morgiou unter dem Meeresspiegel den Eingang zu einer Höhle entdeckte. Voller Neugierde, aber auch mit nicht zu unterschätzender Tollkühnheit zwängte er sich bei seinen Tauchgängen immer wieder durch die Eingangsröhre in die Höhle hinein. Auf einem dieser Erkundungsgänge gelangte er schließlich sechs Jahre später in einen trocken liegenden Bereich irgendwo im Inneren der Höhle. An den Wänden erblickte er staunend die Zeichnungen von Seehunden, Pferden, Wisenten, Robben, Steinböcken, Fischen und Vögeln.

Herbeigerufene Wissenschaftler stellten fest, dass diese Höhlenmalereien annähernd 30.000 Jahre alt sind. Ein sagenhafter Fund! Heute steht die nach ihrem Entdecker Henry Cosquer benannte Höhle unter Naturschutz, ihr Besuch ist streng untersagt. Vermutlich wäre der Besucheransturm wohl auch nicht allzu hoch, denn der Eingang der Höhle liegt 37 Meter unter dem Meeresspiegel.

Nun frage ich mich unwillkürlich, wie denn die Menschen der Vorzeit in sie hineingekommen sind. Doch diese Zeit liegt lange zurück, die Welt hat sich seitdem stark verändert. Damals, als gegen Ende der letzten Eiszeit die großen Eismassen noch nicht abgeschmolzen waren, lag der Wasserspiegel deutlich tiefer. Der Höhleneingang befand sich sogar 80 Meter über dem Meeresspiegel und außerdem elf Kilometer von der Küste entfernt.

Die Henry-Cosquer-Höhle können wir leider nicht in unser Besichtigungsprogramm aufnehmen. Es bleiben uns aber die Wanderwege durch die bizarren Calanques. Doch auch hier gibt es Einschränkungen: Die Vegetation des sensiblen Ökosystems ist außerordentlich empfindlich. Die extremen Wachstumsbedingungen ohne Nährboden, mit großer Trockenheit und salziger Gischt haben eine einzigartige Flora geschaffen, die es zu erhalten gilt. Wegen der sommerlichen Brandgefahr sind die Wanderwege von Juli bis September gesperrt. Nur der Pfad »sentier du petit prince« auf der Halbinsel Port-Miou ist dann noch zugänglich. Er wurde zur Erinnerung an Antoine de Saint-Exupéry angelegt, den Schöpfer der berühmten Erzählung »Der kleine Prinz«. Denn vermutlich wurde Saint-Exupéry 1944 auf dem offenen Meer vor der Halbinsel mit seinem Flugzeug abgeschossen, jedenfalls kehrte er von seinem Aufklärungsflug nicht mehr zurück.

Die von Marseille herkommende Küstenstraße macht um den Ort Cassis einen Bogen. Das ist schade, denn wir sollten uns das malerische Städtchen mit seinem traumhaften Strand nicht entgehen lassen. Cassis hat sich nämlich noch ein bisschen des verträumten Charmes bewahren können, der dem heute so überlaufenen Saint Tropez einst zu seinem Ruhm verhalf. Es lohnt sich, abzubiegen und die Klippenstraße hinabzufahren. Hier werden die Touristen gleich ins Parkhaus »park du port« geleitet, eine Aufforderung, der nur Folge leisten sollte, wer Spaß an abenteuerlichen Rangiermanövern hat. Wer den restlichen Tag mit anderen Beschäftigungen zubringen möchte, fährt besser weiter abwärts, wo sich große Parkplätze befinden.

Von Cassis aus ist es möglich, über die Küstenstraße weiter ostwärts nach Toulon zu fahren, diese Route führt durch hübsche Hafenorte und bietet immer wieder schöne Ausblicke auf Meer und Berge. Praktischerweise gibt es zahlreiche Parkbuchten, die es ermöglichen, kurz anzuhalten und das Panorama auf sich wirken zu lassen. Der nächste größere Ort ist La Ciotat mit seinem großen Industriehafen. Aber es gibt auch einen kleinen historischen Hafen, an dessen Promenade Cafés und Restaurants zu einer Pause einladen, um ganz entspannt das bunte Treiben zu beobachten. Der Strand von La Ciotat besteht aus feinem Kies. Das ist ausgesprochen angenehm, denn er ist fast so weich wie Sand, haftet aber nicht wie dieser bei jedem Windhauch gleich an Haut und Kleidung fest.

Der Badeort Bandol hat sich mit schicken Villen und hübschen Gärten fein herausgeputzt. Seine palmengesäumte Uferpromenade verleiht ihm das Flair mediterraner Noblesse.

Noch berühmter als das Städtchen ist jedoch der gleichnamige Wein, der in seinem Hinterland erzeugt wird. Probieren Sie ein Gläschen, es gibt ihn sowohl als Rot- und Weißwein als auch als Rosé.

Sanary-sur-Mer, der nächste Ort auf unserer Küstentour, blickt auf eine besondere Geschichte zurück: Denn nach dem Ersten Weltkrieg zog er Schriftsteller und Künstler geradezu magisch an. Unter den ersten, die sich hier niederließen, waren Julius Meier-Graefe und seine Partnerin Anne-Marie Epstein. Meier-Graefe avancierte als Schriftsteller zum Wortführer des Impressionismus. Gemeinsam mieteten die beiden 1930 ein Anwesen in Sanary-sur-Mer. Dessen Tore öffneten sie in den Folgejahren deutschen Künstlern, die vor den Nationalsozialisten flohen. Das gab den Impuls zur Entstehung einer großen Flüchtlingskolonie: In Sanary-sur-Mer lebten Kulturschaffende wie Thomas, Heinrich und Golo Mann, Bertolt Brecht, Lion Feuchtwanger, Ludwig Marcuse, Stefan Zweig oder Albert Drach. Im Zweiten Weltkrieg versteckte sich hier auch Jacques-Yves Cousteau vor den Nazis, der später mit seinem Forschungsschiff Calypso als Meereskundler zu Ruhm gelangen sollte.

In der Großstadt Toulon endet unsere Fahrt entlang der Ostküste des Golfe du Lion, des großen Meerbusens, der sich vom spanischen Cap de Creus her im weiten Bogen an das südfranzösische Festland schmiegt. Toulon beheimatet den größten Teil der französischen Marineflotte. Es ist eine pulsierende Stadt, deren Charme sich bestenfalls auf den zweiten Blick erschließt.

Doch was die Küstenlandschaft zwischen Marseille und Toulon zu bieten hat, gibt dem Larousse durchaus recht. Es scheint jedenfalls nicht vermessen zu sein, auch ihr den Ehrentitel »Côte d'Azur« zu verleihen.

Poulet à Bandol – Hähnchen Bandol

Zutaten für 4 Personen:

4 Hähnchenkeulen
250 ml weißer Bandol-Wein
2 Zwiebeln
4 Knoblauchzehen
80 g gehobelte Mandeln

4 El Olivenöl
3 Thymianzweige
8 Feigen
15 Safranfäden
Salz
Pfeffer

Zubereitung:

Die Hähnchenkeulen waschen, trocken tupfen und mit einem spitzen Messer mehrfach an der Oberfläche einstechen, salzen und pfeffern. Die Hälfte des Öls in einer Pfanne erhitzen und die Keulen darin kurz scharf anbraten. Mit der Hautseite nach oben in eine Auflaufform legen.

Zwiebeln und Knoblauch schälen und hacken. Die Thymianblättchen abzupfen. Das restliche Öl in der Pfanne erhitzen und Mandeln, Zwiebeln sowie Knoblauch darin goldbraun anbraten. Mit dem Weißwein ablöschen, die Thymianblättchen und den Safran dazugeben und die Keulen mit dem Sud begießen.

Den Backofen auf 200°C vorheizen und die Keulen darin 45 Minuten backen. Dabei gelegentlich etwas Sud aufschöpfen und sie erneut damit begießen.

Die Feigen waschen, vierteln und 15 Minuten vor Ende der Backzeit mit in die Auflaufform legen.

Mit grünem Salat und Baguette servieren.

Die Herde des Geryon – Besuch in Les Baux

Entsetzt wich Herakles zurück. Was hatte er getan? Nicht böse Absicht, sondern vielmehr eine finstere Gewalt musste es sein, die sich seiner bemächtigt hatte. Doch er wusste, dass er selbst die Schuld an seinem Schicksal trug. Hätte er sein zügelloses Temperament nur ein kleines bisschen besser kontrolliert, dann wäre es vielleicht nie so weit gekommen. Und wäre er nicht so arrogant gewesen, dann hätte er Eurystheus gedient, dem König von Mykene, so wie es das Gesetz von ihm verlangte. Aber nein, starrköpfig und stolz, wie er war, weigerte er sich. Das ärgerte die Göttin Hera und zur Strafe überzog sie Herakles mit Wahnsinn. Er geriet außer sich und tötete seine Frau und die drei gemeinsamen Kinder. Eine furchtbare Geschichte. Konnte es noch eine glückliche Wendung geben?

Ja, meinte das Orakel von Delphi, aber nur, wenn Herakles jetzt endlich klein beigeben und für Eurystheus arbeiten würde. Und das gleich für ganze zwölf Jahre. Reumütig begab sich Herakles daraufhin zu Eurystheus und bat um eine Aufgabe. Der König zauderte nicht lange und dachte sich zwölf Arbeiten für Herakles aus. Und zwar keineswegs irgendwelche Kleinigkeiten. Schließlich galt es, dem Großtuer zu zeigen, wer der Herr im Haus war.

Da fanden sich solche Herausforderungen wie die Erlegung des Nemëischen Löwen oder die Tötung der neunköpfigen

Hydra. Und damit Herakles auch Erfahrungen mit wirklich harter Schwerstarbeit sammeln konnte, sollte er den verkommenen Stall des Augias ausmisten. Die restlichen Aufgaben hörten sich für den kraftstrotzenden Burschen deutlich ehrenvoller an: Einen wilden Stier fangen, menschenfressende Monsterpferde zähmen, der Amazonenkönigin ihren Gürtel stibitzen, goldene Äpfel pflücken und einen Wachhund aus der Unterwelt heraufholen, Vögel verjagen, einen Hirsch und einen Eber fangen sowie einem furchterregenden Hirten in Spanien dessen Herde entführen.

Letzteres stellte keine Kleinigkeit dar, denn Geryon, jener Hirte, erwies sich als ein Riese mit drei Leibern, die an der Hüfte zusammengewachsen waren. Er kämpfte mit drei Schwertern und besaß zu allem Überfluss noch einen zweiköpfigen Hund. Aber die roten Stiere seiner Herde waren außergewöhnlich schön. Und Herakles machte kurzen Prozess, er tötete den grauenhaften Hirten mit einem vergifteten Pfeil und bemächtigte sich der Herde.

Damit hatte er seine Aufgabe bewältigt, nun hieß es nur noch, die prachtvolle Herde nach Griechenland zu schaffen. Auf dem Weg dorthin kam Herakles durch die Provence, wo ihn die einheimischen Ligurer angriffen. Die begeisterten sich nämlich für die herrlichen Stiere und wollten sie deshalb selbst besitzen. Und unglücklicherweise waren Herakles seine Pfeile ausgegangen, er konnte sich nicht gegen die Räuber verteidigen.

Da hatte Zeus ein Einsehen und beschloss, dem heldenhaften Herakles zu helfen. Der war nämlich sein leiblicher Sohn, entsprungen aus einer der zahlreichen Liebschaften des lüsternen Göttervaters. Damit ist auch der ständige Ärger erklärt, den Hera, die rechtmäßigen Ehefrau des Zeus, ihrem unerwünschten Stiefsohn bereitete. Dessen Name Herakles bedeutet so viel wie »der Ruhm gegen Hera erlangt hat«.

Entschlossen holte Zeus aus und schleuderte Felsbrocken auf die räuberischen Ligurer. Motiviert durch den unverhofften Beistand tat Herakles es ihm gleich und warf ebenfalls mit aller Kraft Steine. So gelang es schnell, die Ligurer zu besiegen. Und ganz nebenbei die Landschaft für immer zu verändern: Denn es entstanden die Felsen von Les Baux.

Noch heute heben sich diese Felsen augenfällig vom sie umgebenden Landschaftsbild ab. Sie liegen auf einem Plateau etwa fünfzehn Kilometer nordöstlich von Arles und sind aufgrund ihrer exponierten und gut zu verteidigenden Lage schon seit der Bronzezeit besiedelt. Außerdem bietet der Platz hoch auf den Felsen einen fantastischen Weitblick über die südlich davon gelegene Ebene. Niemand konnte sich hier jemals unbemerkt heranschleichen.

Deshalb stieg Les Baux im Mittelalter zum kulturellen Zentrum der ganzen Region auf. Seine Burg beherbergte eine mächtige Ritterdynastie, die über 79 Orte herrschte. Die Stammesfürsten behaupteten felsenfest, Nachkömmlinge eines der Heiligen Drei Könige zu sein, nämlich Balthasars. Eine glanzvolle Legende, die das höfische Leben an der Burg von Les Baux zum Erblühen brachte. So entwickelte sich der Hof schließlich zum musikalischen Mittelpunkt seiner Zeit: Hier schlug das Herz der Minnekunst. Im 12. und 13. Jahrhundert kamen die besten Troubadoure von weit her, um am höfischen Leben von Les Baux teilzuhaben.

Doch in der Folgezeit ging es bergab. Während der Religionskriege des 17. Jahrhunderts ließ Kardinal Richelieu die Burg belagern und schließlich schleifen. Kurz darauf wurde das Verhältnis zwischen dem französischen Königreich und dem Fürstentum Monaco vertraglich geregelt, und Les Baux fiel den monegassischen Grimaldis zu. Erst während der Französischen Revolution schloss es sich wieder an Frankreich an.

Kurz darauf wurde eine interessante Möglichkeit zur Nutzung eines bei Les Baux gefundenen Minerals entdeckt. Denn mithilfe von Elektrolyse ließ sich daraus Aluminium herstellen. Das Mineral erwies sich als echter Bodenschatz, und weil es hier entdeckt worden war, erhielt es seinen Namen nach der alten Festung: Bauxit. Erst die Globalisierung machte den Abbau dieses Rohstoffes bei Les Baux schließlich unrentabel.

Les Baux besitzt heute längst eine andere Einnahmequelle: Touristen. Nur noch rund 400 Bürger leben in der Ortschaft. Die historische Altstadt ist nahezu unbewohnt, und der Zugang zu diesem attraktivsten Teil des Ortes kostet eine Eintrittsgebühr. Aber Les Baux gilt als eines der schönsten Dörfer der Provence, und daher ist es heute eine der meistbesuchten Attraktionen der Region.

Auch die außergewöhnlichen Felsen und der fantastische Panoramablick haben Les Baux hochberühmt gemacht. An klaren Tagen sind von hier aus sogar die Pyrenäen in weiter Ferne zu erspähen. Und die umliegenden Felsformationen setzen sich davor spektakulär in Szene. Ein weiterer Zauber liegt im Detail: Die Verwitterung hat nämlich wundervoll filigrane Muster auf den Steinen erschaffen.

Das an den hiesigen Hängen gedeihende Olivenöl gilt als hervorragend. Dazu gesellen sich attraktives Kunsthandwerk, Museen, Gastronomie und nicht zuletzt das charmante Flair des Weilers selbst. All das macht Les Baux zu einem Freilichtmuseum provenzalischer Schönheit. Entsprechend stark besucht ist Les Baux zur Haupturlaubszeit.

Auch ich schiebe mich an solch einem Tag inmitten der Menschenmenge durch die verwinkelten Gassen der malerischen Ortschaft. Und ich frage mich: Bin ich jetzt vielleicht selbst zu einem Teil der sagenhaften Herde des Geryon geworden?

Gâteau à la lavande – Lavendelkuchen

Zutaten:

300 g Mehl
120 g Zucker
150 g Butter
4 Eier
100 g gemahlene Mandeln
1 Tl Backpulver
2 unbehandelte Zitronen
2 El Lavendelblüten
Puderzucker
Butter zum Einfetten der Form

Zubereitung:

Die Zitronen waschen, den gelben Teil der Schalen abreiben, den Saft auspressen.

Die Butter in einer Schüssel mit dem Mixer schaumig schlagen. Den Zucker hinzugeben und weitere drei Minuten lang schlagen. Nun die Eier, die Mandeln, das Backpulver, den Schalenabrieb sowie nach und nach das Mehl hinzugeben und gut unterrühren. Zum Schluss vorsichtig die Hälfte der Lavendelblüten unterheben.

Den Backofen auf 180°C vorheizen. Eine Springform mit Butter einfetten und den Teig hineingeben. Ca. 30 Minuten backen, bis die Oberfläche goldbraun ist. Mit einem kleinen Holzspieß hineinstechen, bleibt nichts vom Teig daran kleben, ist der Kuchen fertig. Anderenfalls braucht er noch ein paar Minuten.

Aus dem Ofen nehmen, sofort mit dem Holzspieß mehrfach ringsum in die Oberfläche des Kuchens stechen und dann den Zitronensaft darüberträufeln. Mit etwas Puderzucker bestäuben und die restlichen Lavendelblüten darüberstreuen.

Erst nach dem vollständigen Abkühlen die Springform entfernen.

Traumstraßen an der Côte d'Azur – die Corniches

In den 1950er Jahren sehnten sich die Menschen nach den schönen Dingen des Lebens. Hinter ihnen lagen zwei fürchterliche Kriege, deshalb richtete sich jetzt der Blick nach vorne, gelenkt von einer kollektiven Sehnsucht nach Glück und Glamour. Diesem Wunsch leistete das Kino Genüge: Ernst Marischka erfand Sissi, und Alfred Hitchcock schuf im gleichen Jahr eine der legendärsten Szenen der Filmgeschichte: das Bild der jungen und strahlend schönen Grace Kelly im saphirblauen Cabrio, vor dem atemberaubenden Hintergrund einer spektakulären Küstenfahrt im Film »Über den Dächern von Nizza«. Wer möchte nicht selbst einmal auf dieser Straße fahren?

James Bond hat es getan, aber er ließ sich keine Zeit, das Panorama zu genießen: Golden Eye aus dem Jahr 1995 beginnt mit einer rasanten Verfolgungsjagd auf der gleichen Straße, die Grace Kelly 40 Jahre zuvor entspannt entlangcruiste. Man möchte 007 zurufen, dass es doch viel zu schade ist, auf dieser Straße mit solch hohem Tempo zu fahren, und außerdem ist es auch viel zu gefährlich. Denn mit ihren engen Serpentinen verläuft sie in bis zu 500 Metern Höhe über dem Meeresspiegel auf steilen Klippen, die teilweise gleich neben der Fahrbahn in die bodenlose Tiefe hinabstürzen. Die Ausblicke auf dieser Strecke sind grandios, auch wenn Hitchcock ein bisschen gemogelt hat und Szenen aneinanderschneiden ließ, die an völlig verschiedenen Stellen gedreht wurden.

Es handelt sich um La Grande Corniche, eine der schönsten Panoramastraßen der Welt und vielleicht die berühmteste. Sie wurde im Auftrag Napoleons auf den Spuren der alten Römerstraße Via Aurelia in den Fels geschlagen und verläuft entlang des nobelsten Abschnittes der Côte d'Azur von Nizza nach Menton. Es ist, als wolle diese Straße ihren Besuchern alles vorführen, was die Region zu bieten hat: Auf der einen Seite liegen das Meer und die Orte der Träume von Schönheit und Glanz, wie zum Beispiel Èze, Monaco oder das Cap Ferrat, das mit um die 50.000 Euro pro Quadratmeter schwindelerregende Immobilienpreise aufweisen kann. Auf der anderen Seite erheben sich im Landesinneren die Gipfel der Alpen bis zu 4.000 Meter in die Höhe. Es ist eine Route der Superlative.

Zwischen Nizza und Menton gibt es vier Verbindungsstraßen. Die schnellste und teuerste davon ist die Autobahn, aber sie ist auch die mit Abstand hässlichste und langweiligste Strecke. Die drei anderen Straßen tragen den Begriff »corniche« im Namen, ein französisches Wort, das sich als Bezeichnung für eine Küstenstraße in vielen Sprachen eingebürgert hat.

Die Corniche Inférieure führt zwischen Nizza und Menton direkt an der Küste entlang. Sie passiert die bereits erwähnten noblen Orte und ist die meistbefahrene der drei Corniches.

Die Corniche Moyenne ist die mittlere der Küstenstraßen. Es empfiehlt sich, sie von Nizza aus nach Osten in Richtung Monaco zu befahren, da sämtliche Haltebuchten an der Meerseite liegen. Weil auch diese Straße viel frequentiert wird, gibt es in umgekehrter Fahrtrichtung kaum eine Chance, die Fahrbahnseite zu wechseln, um kurz anzuhalten und das Panorama zu genießen. Außerdem behindert eine Schutzmauer neben der Straße die Sicht, wenn man westwärts unterwegs ist.

Einer der besten Aussichtspunkte an dieser Strecke ist der Parkplatz Mont des Mules, der sich direkt über Monaco befindet. Der Blick schweift über die Luxusjachten im Hafen, das Schloss der Grimaldis, das legendäre Spielcasino und die teilweise hohen, fast immer hässlichen Zweckbauten, die sich in dem kleinen Ort eng aneinanderpressen, um jeden Fleck des teuren Untergrundes so effektiv wie möglich auszunutzen. Mitunter lässt sich auch ein gigantisches Kreuzfahrtschiff bei seinem komplizierten Manöver vor der Küste beobachten.

Für den Rückweg in Richtung Nizza empfiehlt sich dann die Grande Corniche. Allerdings ist es ratsam, diese Tour während der Vormittagsstunden anzutreten, weil nachmittags die im Westen stehende Sonne blenden würde.

Es ist leichter, die Zufahrt zur Grande Corniche in Menton zu finden, denn in Nizza ist diese gut versteckt: Zunächst muss der Weg zum Observatorium gefunden werden, der ist aber schlecht ausgeschildert und die unscheinbare Abfahrt deshalb schnell verpasst. In Menton dagegen brauchen wir nur vom Ortsteil Roquebrune aus in Richtung La Turbie weiterzufahren, um auf die Grande Corniche zu gelangen.

Wahrzeichen von La Turbie ist das 50 Meter hohe römische Denkmal Tropaeum Alpium, das in den Jahren 7-6 v. Chr. zur Zeit des Kaisers Augustus anlässlich des Sieges römischer Legionen über einige wilde Alpenvölker entstand. Die Bewohner von La Turbie haben allerdings im Laufe der Jahrhunderte keine Mühe gescheut, um sich dieses Wahrzeichens zu entledigen, denn die Häuser des Ortes sind aus dessen Steinen erbaut. So kommt es, dass das Tropaeum Alpium heute nur noch eine Ruine ist.

Von der Grande Corniche aus eröffnen sich zahllose Ausblicke über das Cap Ferrat, Monaco oder das zauberhafte Èze. Wer diese Straße entlangfährt, tut es zu seinem Vergnügen und hat entsprechend viel Zeit mitgebracht. Deshalb empfiehlt sich unterwegs auch immer wieder ein kurzer Halt, um die famose Aussicht zu genießen. Es ist wirklich atemberaubend, wenn der Blick aus 500 Metern Höhe auf das türkisblau glitzernde Meer und die schneeweißen Jachten in der Tiefe fällt.

Diese legendäre Straße ist es gewesen, auf die Alfred Hitchcock die junge Grace Kelly in »Über den Dächern von Nizza« entsandte. Damit beflügelte er nicht nur die Fantasie unzähliger Kinobesucher, er prägte auch den Lebenstraum der Schauspielerin, die nur ein Jahr später durch ihre Hochzeit mit Fürst Rainier III. zur Fürstin von Monaco avancierte und den Rest ihres Lebens dort verbrachte. Dabei musste sie die bittere Erfahrung machen, dass Träume, die Wirklichkeit werden, auch einen ernüchternden Beigeschmack haben können.

Und tragischerweise ereignete sich 1982 der Unfall, der sie das Leben kostete, ausgerechnet auf diesen Straßen. Es geschah auf der Route de la Turbie, einer schmalen Verbindungsstraße zwischen Corniche Moyenne und La Grande Corniche. In einer Haarnadelkurve kam ihr Fahrzeug von der Straße ab und stürzte 40 Meter in die Tiefe. Sie war mit ihrer Tochter Stefanie unterwegs, die den Unfall überlebte. Die genauen Umstände des Unfallhergangs konnten nie geklärt werden.

Salade niçoise

Zutaten für 4 Personen:

1 Kopfsalat
½ Salatgurke
4 Tomaten
1 Bund Radieschen
4 Eier
2 El Kapern
3 Stängel glatte Petersilie
½ Bund Basilikum
150 g Prinzessbohnen
1 rote Paprikaschote
4 Artischockenherzen
1 rote Zwiebel
200 g Thunfisch in Öl
100 g schwarze Oliven
50 g Anchovis in Öl
80 ml Olivenöl
3 El Weißweinessig
3 Knoblauchzehen
Pfeffer, Salz

Zubereitung:

Für die Vinaigrette die Knoblauchzehen schälen und klein zerhacken. Das Öl und den Essig in einem hohen Glas mischen, die Knoblauchzehen hineinrühren. Petersilien- und und Basilikumblättchen abzupfen und ebenfalls fein hacken, beides unterrühren. Salzen, pfeffern und beiseitestellen.

Die Prinzessbohnen putzen, halbieren und in siedendem Salzwasser 8 Minuten abkochen. Dann in ein Sieb geben, abschrecken und abkühlen lassen. Die Eier hart kochen, abkühlen lassen, pellen und vierteln. Die Gurke schälen und in Scheiben schneiden. Die Radieschen waschen, putzen und in Scheiben schneiden. Die Artischockenherzen abtropfen lassen und achteln. Die Paprika waschen, entkernen und in kleine Stücke schneiden. Den Salat waschen, putzen und trocken schleudern. Die Tomaten waschen und achteln. Kapern, Oliven, Thunfisch und Anchovis abgießen.

Alles auf einer Platte anrichten, zuoberst Thunfisch, Anchovis, Eier und Kapern. Mit der gut durchgerührten Vinaigrette begießen und mit knusprigem Baguette servieren.

Berg der Blitze – die Naturwunder des Parc National de Mercantour

80 Kilometer nördlich von Nizza erhebt sich das Massiv des Mont Bégo 2.872 Meter in die Höhe. Wir sind in den Seealpen angekommen, dort, wo die Region Provence-Alpes-Côte d'Azur an Italien grenzt.

Der Mont Bégo ragt exponiert aus seiner Umgebung heraus und dominiert die Landschaft auffällig. Wer ihn besteigt, wird mit einer grandiosen Aussicht belohnt. Denn von hier aus sind nicht nur die umliegenden Alpengipfel zu sehen, sondern auch die Küste und das Mittelmeer, an klaren Tagen sogar Korsika in der Ferne.

Dieser mächtige Berg hat die Menschen schon immer fasziniert. Und seit mindestens 4.000 Jahren haben sie sich immer wieder darangemacht, ihn zu besteigen. Vermutlich galt er in der Bronzezeit als heilige Stätte der damaligen Religion. Viel ist darüber nicht bekannt, aber die Ortsbezeichnungen der Gegend wie »vallèe des merveilles« – Tal der Wunder –, »cime du diable« – Gipfel des Teufels – oder gar »val d'enfer« – Tal des Infernos – zeugen von den Mythen, die sich seit jeher um diese Region ranken. Der griechische Geschichtsschreiber Herodot gab den Menschen, die hier lebten, im 5. Jahrhundert v. Chr. den Namen »Ligurer«. Sie ernährten sich durch Ackerbau und Viehzucht. Beherrscht von den Naturgewalten im Gebirge führten sie mit Sicherheit kein einfaches Leben.

Hier, im warmen Klima der Südalpen, kommt es zu besonders heftigen Gewittern, wenn vom Meer her die feuchte, heiße Luft aufsteigt und sich an den Gipfeln zusammenballt. Aufgrund des hohen Eisengehaltes seines Gesteins zieht der Mont Bégo die Blitze an wie ein Magnet. So ist es nicht verwunderlich, dass Menschen dem markanten Berg besondere kultische Bedeutung beimaßen. Mit welcher Ehrfurcht müssen sie die Naturspektakel beobachtet haben!

Wenn sich im Frühsommer die Schneemassen zurückgezogen hatten, machten die Menschen sich auf den Weg hinauf. An den Ufern des Bergsees Lac Long Supérieur lag ihr spirituelles Zentrum. Doch dieses Gebiet ist jedes Jahr acht Monate lang vom Schnee bedeckt.

In der Sommerzeit verrichteten sie hier oben eine besondere Arbeit: Sie ritzten Bilder in den von Gletschern glattgeschliffenen Schieferfels des Berges. Bilder von solcher Einzigartigkeit, dass sich nirgends sonst stilistisch vergleichbare Felsritzarbeiten finden lassen. Sie zeigen kultische Symbole: konzentrische Kreise, Spiralen und Netze, aber auch Häuser, Waffen, Augen, Wagen, Pflüge und Tiere. Eines der berühmtesten Bilder zeigt einen Mann mit Zickzackarmen, möglicherweise einen Gewittergott, dessen Arme die Blitze symbolisieren. Von diesen Darstellungen gibt es sagenhafte 36.000 Exemplare am Mont Bégo. Das macht ihn zur größten Fundstätte Südeuropas und zu einem Freilichtmuseum der besonderen Art.

Natürlich wurden die Piktogramme unter besonderen Schutz gestellt. Die Wanderwege der Region dürfen nicht verlassen werden. Doch ein öffentlich zugänglicher Rundweg zwischen dem Lac Vert und dem Tal Fontalba (»Weiße Quelle«) sowie einer im Vallèe des Merveilles führen an zahlreichen Felsgravuren vorbei und ganz nebenbei auch durch eine traumhafte Landschaft. Die besterhaltenen Gravuren können nur in

Begleitung eines zugelassenen Guides besichtigt werden, verständlicherweise brauchen sie Schutz vor Vandalismus.

Um ihre Einzigartigkeit zu erhalten, steht die ganze Landschaft unter Naturschutz, damit wurde der Nationalpark Mercantour geschaffen. Die Parkverwaltung arbeitet eng mit dem benachbarten italienischen Parco Naturale delle Alpi Marittime zusammen, gemeinsames Ziel der Verantwortlichen ist es, einen europäischen Nationalpark einzurichten.

Denn hier existieren nicht nur schützenswerte Felsgravuren. Es gibt eine außerordentlich vielfältige Flora mit mehr als 2.000 Arten, von denen sogar 40 endemisch sind, also nur in dieser Region vorkommen. Dazu zählen Bertolonis Akelei, Grünes Koboldmoos und Ligurischer Enzian. Eine der exotischsten Pflanzen ist eine Steinbrechvariante, die nur alle 30 Jahre einmal blüht und danach abstirbt. In den Wäldern gedeihen Fichten, Lärchen, Bergkiefern, Zirben, Stein- und Flaumeichen.

Doch auch die Fauna des Nationalparks Mercantour ist bemerkenswert: Schon in den Zwanzigerjahren des letzten Jahrhunderts wurden Steinböcke wiederangesiedelt. Und mittlerweile leben hier außer ihnen auch Gämsen, Murmeltiere, Auerhähne, Fledermäuse, Mufflons, Luchse, Bartgeier, Steinadler und Wölfe.

Gründe genug für eine Wanderung durch die paradiesische Landschaft des Mercantour, über Alpenwiesen, durch Gebirgswälder und Gletschertäler, vorbei an glitzernden Bergseen und stets gerahmt von hohen Gipfeln. Der innerste Teil des Nationalparks ist unbewohnt, darum herum liegt ein Gürtel mit einsamen kleinen Dörfern, in denen zum Teil nur eine Handvoll Menschen leben. Es gibt zahlreiche gut ausgebaute Wanderwege, beispielsweise den »sentier parnoramique du Mercantour«. Daneben führt der französische Weitwanderweg »sentier de la grande randonée GR5« auf seinem Teilabschnitt vom Genfer See nach Nizza mitten durch den Parc National du Mercantour.

Und wer noch weitere Distanzen mag, der macht sich auf die Via Alpina, ein Netz von Fernwanderwegen mit einer Gesamtlänge von 5.000 Kilometern, das auf fünf verschiedenen Routen von Triest bis Monaco durch alle acht Alpenstaaten Europas führt. Denn auch auf dieser langen Wanderschaft geht es quer durch den Nationalpark Mercantour.

Legumes des jardins de Provence – Gemüse aus den Gärten der Provence

Zutaten für 4 Personen:

10 Möhren
8 kleine Artischocken
200 g grüne Bohnen
200 g weiße Bohnen (vorgegart)
3 weiße Rübchen
1 Fenchelknolle
8 Radieschen
200 g Erbsen
2 gelbe Paprika
1 rote Paprika
12 Stangen grüner Spargel
4 Tomaten
2 rote Zwiebeln
4 Knoblauchzehen
Saft einer Zitrone
1 Bund Blattpetersilie
Olivenöl
300 ml Gemüsefond
Salz Pfeffer
falls verfügbar: 30 g schwarze Trüffel

Zubereitung:

Möhren und Radieschen putzen und in Scheibchen schneiden, Fenchel, Paprika und Rübchen putzen und würfeln. Zwiebel und Knoblauch schälen und hacken. Die oberen harten Blätter und die Stiele der Artischocken abschneiden, die äußeren Blätter entfernen, sodass die Herzen übrigbleiben. Diese achteln. (Beim Verarbeiten der Artischocken Einmalhandschuhe tragen, denn der Saft der Artischocken verfärbt die Haut.) Jedes der Gemüse separat in Olivenöl anbraten, salzen und pfeffern.

Die Tomaten mit siedendem Wasser überbrühen, häuten und achteln. Die grünen Bohnen halbieren und in kochendem Salzwasser 4 Minuten blanchieren. Das unterste Drittel der Spargelstangen entfernen, den Spargel waschen, in Stücke schneiden und ebenfalls 4 Minuten in Salzwasser blanchieren. Auch die Erbsen 4 Minuten in Salzwasser blanchieren.

Die Petersilienblättchen abzupfen, fein hacken und unter den Gemüsefond mischen. Die Trüffel bürsten, fein hacken und ebenfalls untermischen, den Fond salzen und kräftig pfeffern.

Nun alles Gemüse in einen Bräter füllen und mit dem Gemüsefond begießen. Vorsichtig umrühren, dann bei 180°C im vorgeheizten Backofen 30 Minuten backen.

Mit frischem Baguette servieren.

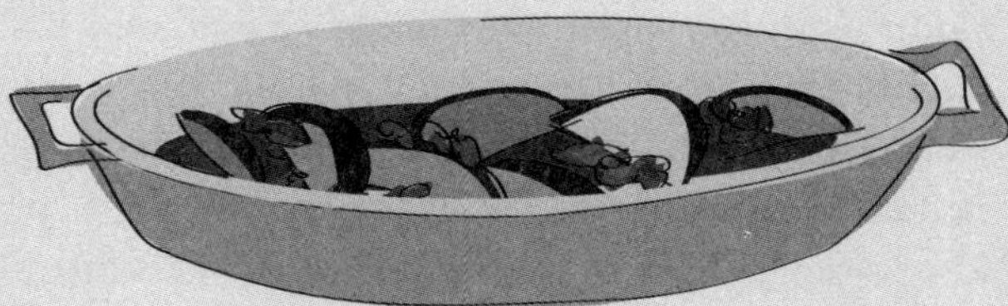

Vom Mut, den Apfel zu essen – eine Kinderrechtlerin in der Provence

K. war ein kleiner Junge. Seine Mutter verhielt sich schweigsam und in sich gekehrt, der Vater stolz und ehrgeizig. Beide Eltern arbeiteten tagsüber in ihrem Geschäft. Der kleine K. und seine Geschwister wurden deshalb vom Hauspersonal aufgezogen.

Die Magd ärgerte sich oft über den naseweisen Kleinen. Und sie entrüstete sich noch mehr über dessen Eltern, ihre Herrschaften. Jede Demütigung, die ihr von diesen zuteilwurde, gab sie an den kleinen K. weiter. Denn dieser konnte sich nicht gegen sie wehren. K. verstand die Welt nicht. Seine Eltern waren nicht da, und wenn doch, dann beschäftigten sie sich mit anderen Dingen und nahmen ihn nicht wahr. Und die Magd fügte ihm Strafen und Grausamkeiten zu, ohne dass er wusste, warum. Seine Welt präsentierte sich als ein Jahrmarkt der Irrsinnigkeiten. Bizarr, kalt und ohne jede Logik. K. litt unsagbar. Denn er war ein äußerst sensibles und hochintelligentes Kind.

Viele Jahre später, K. hatte inzwischen das Erwachsenenalter erreicht, setzte er sich an den Schreibtisch und begann, eine Geschichte aufzuschreiben. Die Geschichte von K., der sich machtlos der Willkür von fremden Personen ausgesetzt sieht, deren Verhalten ihm völlig unverständlich ist. Und er nannte die Geschichte »Das Schloss«.

»Große Werke verdanken ihre Existenz der frühen Traumatisierung des Dichters«, sagte die Psychoanalytikerin Alice Miller. Die intensiven Negativerlebnisse der frühen Kindheit suchen nach ihrer Auffassung in späteren Jahren ein Ventil. Im oben geschilderten Fall von Franz Kafka stellte dieses die große Literatur dar.

Andere hingegen werden vielleicht selbst zu misshandelnden Eltern, zu manipulativen Ausbeutern, zu gefühllosen Chefs, zu Menschen, die auf andere Art ihre Macht missbrauchen. Oder im schlimmsten Falle zu Mördern, Diktatoren, Amokläufern und sonstigen Verbrechern. Alternativ kann sich der Hass auch nach Innen richten und ein Ventil in Drogensucht, Alkoholabhängigkeit oder sonstigen gegen das eigene Selbst gerichteten Verhaltensweisen finden. Zu den Symptomen frühkindlicher Traumata gehören nach Alice Miller auch Erkrankungen mit psychischer Ursache.

Die Wurzel all dessen, so die Überzeugung von Alice Miller, liegt in der Erfahrung des ohnmächtigen Ausgeliefertseins gegenüber Gewalt, Vernachlässigung, Gefühlskälte, Demütigungen und/oder Missbrauch in der frühen Kindheit. Sie liegt in der »Schwarzen Pädagogik«, mit der die Erwachsenen das Kind strafen, es schlagen, verspotten, manipulieren, unter Erfolgsdruck setzen oder emotional peinigen, seine Seele verletzen und ihm Qualen zufügen, deren Grund das Kind nicht verstehen kann. Denn es sucht die Liebe der Erwachsenen, die es zum Überleben braucht. Es wird sich anpassen und bemühen, die Erwartungen der Erwachsenen zu erfüllen, um deren Liebe und Anerkennung zu gewinnen. Vielleicht wird es ein braves, wohlerzogenes Kind oder ein Musterschüler sein. Aber es wird sein eigenes Ich nicht entdecken können, denn dieses muss es verleugnen. Es bleibt verborgen unter der zwanghaften Verbiegung des Selbst, der brutalen Ordnung und dem

Leid, welches das Kind durchmacht. Es wird seine emotionale Lebendigkeit einbüßen.

Erst später, wenn das Kind erwachsen geworden ist und endlich die Möglichkeit dazu hat, kann sich der aufgestaute Druck entladen. Dann können die eigenen Kinder wiederum zu Opfern werden. So entsteht ein Teufelskreis, aus dem es nach Miller nur ein Entrinnen geben kann: sich der Ursachen dieses Verhaltens bewusst zu werden, die in der Kindheit liegen.

Doch genau an dieser Stelle versagte ihrer Ansicht nach die herkömmliche Psychoanalyse, indem sie die Schuld beim Kind selbst suchte und die Erfahrungen von Misshandlungen und Missbrauch ins Reich der Fantasie abdrängte. Ganz im Sinne des allgemeinen gesellschaftlichen und kirchlichen Konsenses, der von Kindern verlangt, ihre Eltern zu respektieren, aber nicht eine Spur von Barmherzigkeit geschweige denn Respekt für die kleinen Kinder erübrigt.

Deshalb verließ Alice Miller 1985 die Internationale Psychoanalytische Vereinigung und zog sich zurück. Sie ging nach Saint-Rémy-de-Provence, wo sie den Rest ihres Lebens verbrachte.

Doch das sollte kein Leben in Isolation werden. Besonders in den letzten Jahren vor ihrem Tod im Jahr 2010 widmete sie sich über ihre Webseite intensiv ihren zahlreichen Lesern und Anhängern, deren Fragen und Problemen. Denn ein breites Publikum war von ihren erfolgreichen Büchern »Das Drama des begabten Kindes«, »Am Anfang war Erziehung« und »Du sollst nicht merken« wachgerüttelt worden, zu einer Zeit, als die Fachwelt noch hartnäckigen Widerstand gegen ihre revolutionären Gedanken leistete.

Dieser andauernde Konflikt mit ihren Kollegen hatte sie ermüdet und ausgelaugt. Und in der Schönheit und Gelassenheit der Provence fand sie den geistigen Frieden, die Harmonie und die Ruhe, nach der sie sich sehnte und die sie brauchte, um ihre Studien fortzusetzen und ihre Theorien weiterzuentwickeln.

Sie war 1923 im damals noch polnischen Lemberg als Kind einer jüdischen Familie geboren worden. Ab 1931 lebte die Familie in Berlin, kehrte jedoch nach der Machtergreifung durch die Nationalsozialisten in die polnische Heimat zurück. Millers Angehörige wurden 1940 im Ghetto interniert, ihr selbst gelang mithilfe gefälschter Dokumente die Flucht nach Warschau, wo sie an der Geheimen Universität studierte.

Nach dem Krieg setzte sie ihr Studium in der Schweiz fort und promovierte in Philosophie. Daran schloss sich eine Ausbildung in der Psychoanalyse nach Freud an. Sie heiratete und bekam zwei Kinder. Gemeinsam mit anderen Analytikern gründete sie später ein daseinsanalytisch ausgerichtetes Seminar in Zürich, bevor sie schließlich die Provence zu ihrer Wahlheimat auserkor.

Und wie so vielen anderen, gab dieser besondere Landstrich auch ihr eine besondere Anregung. Inspiriert von Licht und Farben widmete sie sich nun neben ihrem Kampf für die Rechte der Kinder einer zweiten großen Leidenschaft: der Malerei. Dazu bediente sie sich verschiedenster Techniken, von Aquarell bis Öl, von Gouache bis Öl-Pastell. Sie malte spontan und aus dem Moment heraus, ohne großen Plan und ohne akribischen Perfektionismus. Sie improvisierte, sie erlangte Übung durch das Kopieren von Werken großer Meister und durch Ausprobieren. Ihre Bilder sind immer auch Ausdruck der inneren Gefühle, sie sprechen die Sprache des Unbewussten. Alice Miller betrachtete die Malerei als wichtiges Hilfsmittel, um geistige Klarheit für ihr psychologisches, soziologisches und therapeutisches Werk zu finden.

Unter Liebe seien nicht Anpassung und Gehorsam zu verstehen, erklärte Alice Miller. Sie glaubte, dass der Mensch nur dann die Freiheit habe, lieben zu können, wenn er sich selbst gefunden hat. Wenn er seine Persönlichkeit leben kann, ohne Masken, Fassaden und Ausflüchte. Um dorthin zu kommen, sei jedoch ein umfassendes Wissen erforderlich, die Erkenntnis der eigenen Geschichte und der damit verbundenen Verletzungen, Gefühle und Bedürfnisse. Vor dieser Wahrheit dürfe niemand fliehen, meinte Alice Miller, und empfahl deshalb, mutig zu sein und den biblischen Apfel vom Baum der Erkenntnis trotz des väterlichen Verbotes zu essen.

Als bei ihr Pankreaskrebs in fortgeschrittenem Stadium diagnostiziert wurde, nahm sie sich das Leben. Ihr Leichnam wurde verbrannt und die Asche an einem kleinen Bergsee bei Saint-Rémy verstreut. Ihre Bücher sind Bestseller, die in 30 Sprachen übersetzt wurden. Der weltweite Erfolg ihrer Theorien scheint ihr Recht zu geben. Doch der Weg zu einer besseren Welt ist noch weit.

Biscuits aux fleurs de lavande – Lavendelblütenplätzchen

Zutaten:

125 g Mehl
50 g Stärkemehl
200 g feine Haferflocken
200 g Zucker
250 g Butter (Zimmertemperatur)
50 g gehackte Mandeln
1 Päckchen Vanillezucker
3 Eier
1 Tl Backpulver
1 El Lavendelblüten

Zubereitung:

Die Butter in einer Schüssel mit dem Mixer schaumig schlagen, dabei den Zucker, den Vanillezucker und die Eier hinzugeben und weiter aufschlagen. Mehl, Stärkemehl, Haferflocken, Mandeln, Backpulver und Lavendelblüten in einer Schale miteinander vermischen und nach und nach unter die Butter-Zucker-Ei-Masse rühren.

Den Backofen auf 170°C vorheizen. Ein Backblech mit Backpapier auslegen und mit einem Esslöffel in regelmäßigen Abständen kleine Teigmengen daraufsetzen. Etwa 12 bis 15 Minuten backen, bis die Plätzchen beginnen, goldbraun zu werden.

Auf einem Rost abkühlen lassen und in einer gut verschließbaren Dose aufbewahren.

Diese einfachen Plätzchen lassen sich auch gut gemeinsam mit kleinen Kindern backen.

Wasser Marsch! – Von der Baukunst der Aquädukte

In jeder Hinsicht erwiesen sich die Römer als überlegen gegenüber den Griechen, Kelten und Ligurern, die zu ihrer Zeit in der Landschaft des heutigen Südfrankreichs lebten. Sie gewannen deshalb nicht nur schnell die militärische Oberhand. Denn sie beeindruckten die eingesessene Bevölkerung vor allem mit ihren kulturellen und ganz besonders mit ihren technischen Errungenschaften.

Die weiten Ebenen Südfrankreichs wurden seit jeher für den Ackerbau genutzt. Doch in den langen und trockenen Sommern verdorrte das Getreide immer wieder, was Hunger und Elend nach sich zog. Und in den großen Städten fehlte das Trinkwasser. Die Römer setzten dem ein Ende: Sie wussten Abhilfe.

Mit gewaltigem Aufwand bauten sie Wasserleitungen, die Aquädukte, um aus den Bergen das dort reichlich vorhandene Wasser herbeifließen zu lassen. So gab es nicht nur genug Wasser für die Felder, große Überlandleitungen schafften es auch bis in die Städte. Mit einem Mal erlebten deren Bewohner den unglaublichen Luxus des stets und unerschöpflich fließenden Frischwassers in Brunnen und Thermalbädern.

Eines der markantesten Aquädukte führte über eine Gesamtstrecke von 50 Kilometern nach Nemausus, dem heutigen Nîmes, einer mächtigen Römerstadt mit damals

20.000 Einwohnern, die heute zum Département Gard gehört. Täglich flossen an die 20.000 Kubikmeter Wasser frisch von der Quelle in einem offenen Kanal über diese gewaltige Leitung. Für ihren Bau mussten Bergketten umgangen und Flussläufe überbrückt werden, weite Umwege waren nötig. Das stellte eine technische Meisterleistung dar. Denn das Gefälle auf der langen Strecke von der Quelle zur Stadt betrug nur etwa zwölf Meter.

Und dennoch gelang es den römischen Ingenieuren, auf der gesamten Streckenlänge ein gleichbleibendes Gefälle von 24 Zentimetern pro Kilometer zu erreichen. Niemand weiß heute, mithilfe welcher Berechnungen ihnen dieses Meisterstück gelungen ist.

Um die Stadt zu erreichen, musste auch ein tief in die Landschaft eingeschnittener Fluss überwunden werden. Tausend Männer, viele davon Sklaven, waren drei Jahre lang damit beschäftigt, Steine herbeizutransportieren, mit Meißeln und Schlägeln präzise zu bearbeiten und unter Zuhilfenahme von Kränen, Flaschenzügen und Gerüsten aufeinanderzuschichten.

Dabei verwendeten sie keinerlei Mörtel, das Bauwerk hielt allein durch den genau durchdachten Druck und die Reibung, den die in Quaderbauweise zusammengefügten Steine aufeinander ausübten. Und wie es hielt! Es hält nämlich inzwischen seit sage und schreibe 2.000 Jahren.

Es handelt sich um den berühmten Pont du Gard, eines der wichtigsten noch erhaltenen Brückenbauwerke aus römischer Zeit überhaupt und eine der größten Sehenswürdigkeiten Südfrankreichs. Mit einer Länge von 275 Metern, einer Breite von sechs Metern und einer Höhe von 49 Metern überspannt er in drei Etagen aus lichten Arkadenbögen den Fluss Gardon, der weiter nördlich im Gebirgszug der Cevennen entspringt und 15 Kilometer südöstlich vom Pont du Gard in die Rhône mündet. Die oberste Etage des Bauwerks trägt das Gerinne der Wasserleitung.

Nach dem Zusammenbruch des römischen Reichs verfiel die Wasserleitung. Ablagerungen füllten den Kanal, der Wasserfluss versiegte. Die Menschen begannen damit, die Steine der Leitung für andere Zwecke zu verwenden. Das hörte erst auf, als der Pont du Gard im Mittelalter als Brücke für den Straßenverkehr diente. Unter dieser Zweckentfremdung litt das Bauwerk allerdings auf die Dauer, und als seine Stabilität immer fraglicher wurde, wurde zu seiner Entlastung im 18. Jahrhundert direkt daneben eine neue Brücke erbaut. Von dieser Brücke aus können Besucher heute das Wunderwerk römischer Architektur bestaunen. Ein nahegelegenes Museum stillt ihren Wissensdurst und der Souvenirshop ihre Bedürfnisse nach Konsum.

Was die Römer damals konnten, das können wir heute schon lange, sagten sich die Stadtväter von Marseille im Jahr 1841. Und wir können das noch weitaus besser! Nach einer extremen Trockenheit hatte nämlich eine fürchterliche Choleraepidemie die Bewohner der Stadt gepeinigt. Schnell wurde nun klar, dass das Hauptproblem in der mangelhaften Versorgung der Einwohner mit sauberem Trinkwasser lag. So begann der Bau des Aquäduktes von Roquefavour, der zur Trinkwasserleitung Canal de Marseille gehört und 1847 fertiggestellt wurde. Noch heute ist diese Wasserleitung die wichtigste Quelle der Trinkwasserversorgung von Marseille.

Sie brachte das Frischwasser ursprünglich aus dem Fluss Durance über eine Strecke von 80 Kilometern von Pertuis im Département Vaucluse herbei, seit der Errichtung eines Kraftwerkskanals entlang des Flusslaufs der Durance liegt die Entnahmestelle heute etwa zehn Kilometer näher an Marseille.

Bei Aix-en-Provence galt es, das Tal des Flusses Arc mit dieser Leitung zu überwinden. Dazu wurde ein Aquädukt aus drei Ebenen von Säulenbögen errichtet, der mit 393 Metern nicht nur deutlich länger als die Römerbrücke ist. Mit einer Höhe von fast 83 Metern ist er auch ein ganzes Stück größer. Diese Maße machten ihn zur gigantischsten Wasserbrücke der Welt. Er überquert nicht nur den Fluss, sondern auch eine Straße und eine Eisenbahnlinie und steht seit 2005 unter Denkmalschutz. Sein Wasser fließt mittlerweile nicht mehr offen, sondern geschützt durch ein 220 Zentimeter dickes Rohr. Und wenn er auch bei weitem nicht so alt ist, so bietet er doch einen nicht minder spektakulären Anblick als der Pont du Gard.

Aïoli

Zutaten:

200 ml gutes Olivenöl
6 Knoblauchzehen
3 Tl Zitronensaft
das Eigelb von einem hart gekochten Ei
1 rohes Eigelb
½ Tl Senf
Salz, Pfeffer
Cayennepfeffer

Zubereitung:

Die Zubereitung gelingt am besten in einem Steinmörser. Alle Zutaten sollten Zimmertemperatur haben.

Den Knoblauch schälen, grob zerschneiden und unter Zugabe von etwas Salz im Mörser zu einer Paste zerdrücken. Die Eigelbe und den Senf hinzugeben und die Masse so lange zerdrücken, bis eine gleichmäßige Paste entstanden ist.

Nun unter sehr kräftigem Rühren mit dem Schneebesen zunächst tropfenweise, dann in einem feinen Strahl das Öl ganz langsam hinzugeben, bis eine dicke Mayonnaise entstanden ist. Den Zitronensaft unterrühren und mit Salz, Pfeffer und Cayennepfeffer kräftig abschmecken.

Aïoli bezeichnet in der Provence ein typisches Gericht, bei dem diese Knoblauchsauce zu gedünsteten Kartoffeln, Möhren, grünen Bohnen, Seeschnecken und Fischfilet serviert wird.

Am Zenit des Glamours – die Filmfestspiele von Cannes

Endlich ist es wieder so weit: Frühjahr in Cannes, es ist Mai, der rote Teppich wurde entrollt! An seinen Seiten drängen sich dezent und dunkel gekleidete Fotografen zusammen, die wuchtigen Kameras schussbereit, die Augen erwartungsvoll in Richtung Promenade de la Croisette gerichtet: Von dorther werden sie kommen, die Gottheiten der Neuzeit, und für einen kurzen Augenblick, nämlich das Stück des Wegs von ihrer Luxuslimousine bis zum Eingang des Palais des Festivals, werden sie den Windhauch ihres Glamours verströmen. Dann überstrahlt Blitzlichtgewitter das milde Licht der Abendsonne von Cannes. Und bis es so weit ist, sind die Gedanken der anwesenden Presseleute voll von wichtigen, alles entscheidenden Fragen: Was wird Nicole Kidman tragen? Wird Cate Blanchett eleganter sein als sie? Wer kommt mit wem?

Dann endlich geht es los. Die Diven geben alles, um sich ins rechte Licht zu rücken. Auffallen, aus der Reihe der anderen herausstechen, das ist jetzt das Einzige, was zählt. Wir befinden uns in einer Zeit vor der Corona-Pandemie, vor dem Einmarsch Russlands in die Ukraine, und der Klimawandel wirkt noch wie ein fernes, theoretisches Konstrukt. Die Welt ist noch nicht aus den Fugen geraten.

Die Russin Elena Lenina hat sich mit einer gigantischen Kette aus riesigen silbernen Christbaumkugeln behängt und die Haare dazu passend kugelförmig aufgetürmt. Das Sommerkleid im Stil der Fifties, das Nadja Auermann trägt, ist deutlich zu eng. Hat das Topmodel etwa zugenommen? Laetitia Casta erscheint in einem unförmigen Wulst aus weißen Blättern und Blüten – wie unvorteilhaft! Ah, Nicole Kidman, jung und betörend schön wie immer, mit vornehmer Blässe und strassbesetzter Armani-Robe. Herrlich, nur ihr Gesichtsausdruck wirkt etwas zu verkniffen. Das zauberhafte »Victoria's Secret«-Model kommt züchtig hochgeschlossen – wie enttäuschend! Und was hat sie denn da an den Füßen? Etwa Jesuslatschen? Hui, Blake Lively zeigt Bein und macht mit ihrem extrem hoch geschlitzten Kleid alles wieder gut! Dafür sieht Audrey Tautou aus wie ein unbedarftes Puttchen. Aber da – Jane Fonda, die Grande Dame des amerikanischen Films. Großartig, figurbetont in Rot, trotz ihres beachtlichen Alters. Die unermüdliche Plagerei mit Aerobic seit den frühen Achtzigern hat also doch etwas gebracht.

Die Namen sind austauschbar, die Geschichten bleiben. Auch heute, ganz so, als seien die Festspiele unberührt von allem Wandel, den die Welt erfährt. Ein Lächeln, eine kurze Pose für die Kameras, eine huldvoll zum Gruß erhobene Hand, und schon entschwinden sie alle in dem hässlichen, sandfarbenen Betonklotz am Hafen von Cannes.

Das Gebäude wurde 1982 eingeweiht, nachdem der ehemalige Austragungsort der Festspiele, das Alte Casino von Cannes, sich als zu klein erwiesen hatte. Denn die Filmfestspiele mauserten sich im Lauf der Jahre zu einem gigantischen Erfolg. Durch sie rückte die kleine Stadt an der Côte d'Azur ins Licht der Weltöffentlichkeit. Eine grandiose Marketingidee!

Den entsprechenden Geistesblitz hatte der französische Kultusminister schon in den Dreißigerjahren des letzten Jahrhunderts. Bedingt durch den Zweiten Weltkrieg dauerte es allerdings bis 1946, seinen Einfall erstmals Realität werden zu lassen. Es gab Anlaufschwierigkeiten, zweimal fielen die Festspiele in der Anfangsphase wegen Geldmangels aus.

Doch als 1955 der Filmpreis »Goldene Palme« hinzukam, ging es steil bergauf. Es begann die große Ära des französischen Films mit Regisseuren wie Louis Malle, François Truffaut und Claude Chabrol, mit Stars wie Simone Signoret, Brigitte Bardot, Jeanne Moreau, Michel Piccoli, Catherine Deneuve oder Jean-Paul Belmondo.

Während der Studentenunruhen von 1968 zeigte sich die intellektuelle Filmelite solidarisch mit den Demonstranten. Die Jury, der unter anderem die Regisseure Malle, Truffaut und Polański angehörten, trat in den Streik und verlieh damit den Festspielen erstmals auch politisches Gewicht. Die Festspiele von Cannes waren zu einem der bedeutendsten Ereignisse der Filmbranche aufgestiegen.

Seit jenem Jahr finden die Filmfestspiele regelmäßig statt, nur die Corona-Pandemie führte 2020 zur einmaligen Unterbrechung des Turnus. Die Jury, die über Wohl und Wehe der Filmschaffenden entscheidet, setzt sich im Wesentlichen aus Mitgliedern aus deren eigenen Reihen zusammen. Jedes Jahr wird sie von der Festspieldirektion neu formiert.

Die edlen Trophäen liefert der Schweizer Juwelier Chopard, und er spendiert sie sogar. Im Gegenzug darf er die prominenten Damen, die über den roten Teppich schreiten, mit Preziosen ausstatten. Eine bessere Werbung ist wohl kaum vorstellbar.

Neben dem Hauptpreis, der Goldenen Palme, wird der Große Preis der Jury verliehen, das ist der Preis der internationalen Filmkritik, außerdem die Goldene Palme für den besten Kurz- und den besten Debütfilm sowie Preise für die jeweils beste Darstellerin, den besten Darsteller, die beste Regie und das beste Drehbuch. Abgerundet wird der Reigen der Preise gelegentlich durch eine Ehrenpalme.

Hier findet also eine nicht ganz so ausufernde Invasion der Preise statt wie bei der Oscarverleihung. Vielleicht ist das der Grund, warum die Presse noch einen eigenen Ehrenpreis erfand, der anlässlich der Filmfestspiele von Cannes an Schauspieler vergeben wird, den Prix Orange.

Zu den ausgezeichneten Filmen der letzten 60 Jahre gehörten Werke wie »La Dolce Vita«, »Il Gattopardo«, »Blow Up«, »Taxi Driver«, »Apocalypse Now«, »Die Blechtrommel«, »Padre Padrone«, »Das Piano« und »Pulp Fiction«. Unter den Regisseuren sind Billy Wilder, Roberto Rossellini, Orson Welles, Frederico Fellini, Luis Buñuel, Francis Ford Coppola, Martin Scorsese, Quentin Tarantino, Wim Wenders und Lars von Trier. Ehrenpreise gingen beispielsweise an Alain Delon, Jodie Foster, Tom Cruise, Michael Douglas und Harrison Ford.

Unter den all den Namen ragt die neuseeländische Regisseurin Jane Campion heraus, die 1993 als erste weibliche Preisträgerin ausgezeichnet wurde. Ihr Film »Das Piano« erhielt die Goldene Palme genauso wie ihr Kurzfilm »Peel«. Erst Jahrzehnte später folgte ihr die Französin Julia Ducournau, deren Film Titane 2021 mit der begehrten Trophäe ausgezeichnet wurde. Bei allen anderen bis dahin prämierten Streifen führten ausschließlich Männer die Regie. »Honi soit qui mal y pense«, möchte ich dazu mit leiser Ironie auf Altfranzösisch anmerken - »schämen soll sich, wer schlecht darüber denkt«. Doch schon 2023 erhielt mit »Anatomie d'une chute« der Film einer weiteren Frau, nämlich Justine Triet, die Goldene Palme.

Natürlich wurden stets Auszeichnungen auch an Schauspielerinnen vergeben. Darunter sind Diven wie Bette Davis, Sophia Loren, Katherine Hepburn, Vanessa Redgrave, Cher, Jodie Foster und Meryl Streep. Als deren Kollegen gesellen sich Marlon Brando, Anthony Perkins, Marcello Mastroianni, Alain Delon, Jack Nicholson, Jack Lemmon oder Antonio Banderas hinzu.

Im Gegensatz zur Oscarverleihung, bei der meist US-Produktionen oder zumindest Filme in englischer Sprache die Preisträger sind, macht die Verleihung der Goldenen Palme nicht vor solchen Grenzen halt. Hier hat jeder eine Chance.

Doch Frauen scheinen insgesamt unter den Gewinnern der Goldenen Palme bisher ziemlich unterrepräsentiert zu sein. Als positiver Schritt in Richtung einer diesbezüglichen Veränderung mag gelten, dass Jane Campion im Jahr 2014 die Festivaljury leitete, 2018 durfte Cate Blanchet die jährlich wechselnde Präsidentschaft übernehmen. Im Juli 2022 stieg die deutsche Managerin Iris Knobloch zur Präsidentin des Festivals auf. Und außerdem bleibt der glanzvolle Auftritt der weiblichen Stars und Sternchen für die meisten Beobachter sicherlich der Höhepunkt der Filmfestspiele von Cannes.

Îles flottantes – schwimmende Inseln

Zutaten für 4 Personen:

4 sehr frische Eier
500 ml Milch
1 Vanilleschote
30 g Speisestärke
120 g Zucker
Salz

Zubereitung:

Die Eier in Eiweiß und Eigelb trennen, die Eigelbe abdecken und beiseitestellen. Die Eiweiße mit einer Prise Salz und der Hälfte des Zuckers ganz steif schlagen.

Von der Milch 4 Esslöffel abnehmen, den Rest in einem breiten Topf erhitzen, aber nicht aufkochen. Nun mit einem Esslöffel aus dem Eischnee Nocken formen und diese auf die heiße Milch setzen. Bei schwacher Hitze 3 Minuten ziehen lassen, dann wenden und noch einmal 3 Minuten ziehen lassen. Mit dem Schaumlöffel herausnehmen, gut abtropfen und auf einem Teller beiseitestellen.

Die Vanilleschote aufschneiden, das Mark in die Milch kratzen und danach die Schote hineinlegen. Die vorab entnommene Milch mit den Eigelben und der Speisestärke gut verquirlen und unter ständigem Rühren mit dem Schneebesen zusammen mit dem restlichen Zucker in die Milch geben. Kurz aufkochen, dabei weiter rühren.

Durch ein Sieb in eine Schüssel abgießen und 1 Stunde lang abkühlen lassen. Zum Schluss noch einmal gut durchrühren, in Dessertschalen füllen und die Eischneenocken daraufsetzen.

Der Grand Canyon von Europa – les Gorges du Verdon

Manchmal ist die Welt wirklich erstaunlich klein. Es geschah am Strand von Saint-Aygulf, einem palmengesäumten und herrlich breiten, weißen Traumstrand an der Côte d'Azur. Meine Kinder hatten deutsche Spielkameraden gefunden. Es überraschte mich, als sich im Gespräch mit deren Eltern herausstellte, dass sie aus unserem Nachbarort im Bergischen Land kamen. Im weiteren Verlauf der Unterhaltung fragten sie mich dann, ob wir auch schon im Grand Canyon gewesen seien. Ich schaute etwas konsterniert und verneinte betreten. Wähnten meine bergischen Landsleute sich etwa auf dem falschen Kontinent?

Sie schwärmten daraufhin so nachhaltig von einer abenteuerlichen Schluchtenfahrt, dass ich mich bei der Rückkehr in unser Feriendomizil gleich schlau machte. Und auf diese Art gelang es mir zum Glück, meine Bildungslücke zu schließen. Wir hätten sonst eines der beeindruckendsten Erlebnisse unserer Reise verpasst. Die Faszination des »grand canyon« wirkte so nachhaltig, dass wir seit dieser Zeit bereits mehrfach dorthin zurückgekehrt sind.

Es handelt sich um die Gorges du Verdon, einen 21 Kilometer langen und bis zu 700 Meter tiefen Canyon, an dessen Grund der strahlend türkisfarbene Fluss Verdon verläuft.

Neben der Taraschlucht in Montenegro ist der Grand Canyon du Verdon der größte seiner Art in Europa.

In den Erdzeitaltern des Trias und des Jura war die Provence von tropischem Flachmeer bedeckt. In dieser Zeit lagerten sich Sedimente aus abgestorbenen Muscheln und anderen Meeresbewohnern an dessen Boden ab. Als sich dann zur Kreidezeit der Untergrund der Provence anhob, wurde eine mächtige Schicht aus Kalkstein freigelegt. Im Tertiär begann der kolossale Druck der sich gegeneinander verschiebenden Kontinentalplatten, die Alpen aufzutürmen. Diese Kräfte rissen das Kalkgestein der Provence auseinander.

Einer der Flüsse, die neu entstanden, um die Wasserfluten aus dem Gebirge abzutransportieren, war der Verdon. Er suchte sich seinen Weg in Richtung Meer und machte sich dabei einen der Risse in den Kalksteinschichten zunutze. Insbesondere während der Gletscherschmelze nach den Eiszeiten schwollen die Wassermassen ungeheuer an, brausten mit Macht hinab und gruben das Flussbett immer tiefer in den relativ weichen Kalkstein hinein. Es bildete sich ein spektakulärer Einschnitt ins Land.

Zu Beginn der Siebzigerjahre des letzten Jahrhunderts wurde der Verdon am Ausgang der Schlucht zwischen den Felsen aufgestaut, um ein Wasserkraftwerk zu versorgen. So entstand am westlichen Ende der Gorges du Verdon ein See, dessen strahlendes Hellblau auf den ersten Blick völlig surreal wirkt. Diese Farbe entsteht - wie auch das leuchtende Türkis des Verdon selbst - durch die Brechung des Lichts im stark kalkhaltigen Wasser.

Die grandiose Schlucht des Verdon ist auf beiden Seiten durch Straßen erschlossen, die sich für eine fantastische Rundfahrt anbieten. Wer aus Richtung Riez kommend für die Hinfahrt die Nordstrecke »route de castellane« wählt, erreicht nach der steilen Auffahrt zunächst einen Aussichtspunkt, wo sich aus schwindelnder Höhe ein großartiger Blick auf den Stausee und den Verdon eröffnet. Bei Sonnenschein wirkt das Wasser wie künstlich eingefärbt, unten in der Tiefe tummeln sich unzählige Tret- und Ruderboote.

In La Palud-sur-Verdon zweigt dann die 23 Kilometer lange Kammringstraße Route des Crêtes ab (die westliche Zufahrt nehmen, denn die Straße ist in einem Bereich Einbahnstraße). Diese Straße ist der mit Abstand spektakulärste Streckenabschnitt am Grand Canyon du Verdon. Zahlreiche Halteplätze bieten ausreichend Gelegenheit, die Faszination der Tiefe am eigenen Leib zu erfahren.

Die fast senkrechten Steilwände am Aussichtspunkt Trescaire sind einer der Höhepunkte der Tour, hier geht es 700 Meter geradewegs abwärts. Es lohnt sich, eine Weile zu verharren und das Leben in der Schlucht zu beobachten. Mit etwas Glück sieht man hier nicht nur waghalsige Freeclimber, die vor dem Abgrund nicht zurückschrecken und sich todesmutig daran entlanghangeln.

Fast noch spannender ist es, den eleganten Gleitflug der hier lebenden Gänsegeier zu beobachten. Diese Riesenvögel haben eine Spannweite von 2,50 Metern und sind deshalb trotz ihres unauffälligen Gefieders kaum zu übersehen. Sie waren in der Region ausgestorben, doch die Wiederansiedlungen zwischen 1999 und 2004 erwiesen sich als erfolgreich. Hundert Einzeltiere, Gänse-, Mönchs- und Schmutzgeier, wurden in jenen Jahren in den Gorges du Verdun in die Freiheit entlassen, die Zahl der Küken steigt seitdem stetig Jahr für Jahr an.

Vorbei am Bergdorf Trigance geht es dann auf die Südstrecke der Verdonschlucht. Zunächst erreichen wir den »balcon del la Mescla«, eine Aussichtsplattform, die ein Stück unterhalb der Straße liegt. Hier präsentiert sich die dramatische Mescla, eine enge Schleife des Verdon.

Weiter führt die Strecke über den »pont de l'Artuby«, eine 100 Meter lange Stahlbetonbrücke, die eine 180 Meter tiefe Schlucht überspannt. Sie ist eine Hochburg der Bungee-Jumper. Sollten Sie den waghalsigen Sprung in die Tiefe nicht selbst wagen wollen – für das abenteuerliche Angsterlebnis wird auch noch eine stattliche Summe fällig –, dann nehmen Sie sich wenigstens die Zeit, einmal zuzuschauen. Von der Mitte der Brücke stürzen sich die Todesmutigen hinab, und als wenn das nicht schon furchterregend genug wäre, baumeln sie anschließend geradezu halsbrecherisch zwischen den Felswänden hin und her. Erst wenn sich das Seil beruhigt hat, kommen sie endlich unten an.

Zum Lohn dürfen die Springer sich dann an den Aufstieg zurück nach oben machen. Das sind immerhin 180 Höhenmeter, wie schon erwähnt. Ich persönlich habe es vorgezogen, oben zu bleiben.

Auf der Rückfahrt in Richtung Riez warten noch zahlreiche fantastische Aussichtsplätze, zuletzt ergibt sich ein wahrhaft märchenhaftes Panorama über die sich weit öffnende Schlucht und den leuchtenden Stausee. Es ist eine Rundreise der Superlative.

Die Verdonschlucht eignet sich natürlich noch zu weitaus mehr als nur zu einer Rundfahrt. Hier können Sie mit dem Kajak fahren, im Wildwasser schwimmen oder raften. Sie können endlos wandern oder klettern, es gibt Möglichkeiten zum Paragliding, Drachen- oder Segelfliegen. Am Ausgang der Schlucht können Sie ins Tret- oder Ruderboot steigen, unter der »Galeta-Brücke« hindurch ein Stück weit in sie einfahren und die unwirklichen Farben aus der Nähe bestaunen. Schließlich können Sie sich in Moustiers-Sainte-Marie, einem zauberhaften Dorf im Norden des Stausees, unter die einheimischen Boule-Spieler mischen. »Moustiérains« nennen sich die Bewohner dieses neben steilen Felswänden gelegenen Weilers. Zwischen den Gipfeln hängt hoch über diesen Felsen an einer 225 Meter langen Kette ein goldener Stern, den ein Kreuzritter nach seiner Rückkehr aus der Gefangenschaft bei den Sarazenen aufhängen ließ. So will es jedenfalls die Legende wissen. Und wer die Verdonschlucht umfahren hat, der ist den Legenden auf jeden Fall ein ganzes Stück nähergekommen.

Eine Miniaturausgabe des Canyons gibt es übrigens bei Sault in der Nähe des Mont Ventoux: die Gorges del la Nesque. Eine kleine Landstraße führt durch die unbewohnte, karge Schlucht hindurch und verbindet die Ortschaften Monieux und Méthamis. Hier hat sich das Flüsschen Nesque, das im Sommer austrocknet, auf einer Länge von 17 Kilometern bis zu 400 Meter tief in das umliegende Kalkgestein eingegraben. Die Schlucht ist nicht ganz so spektakulär wie die des Verdon, bietet jedoch ein durchaus vergleichbares Naturerlebnis.

Manchmal ist es eben gar nicht so schlecht, wenn man auf Reisen seinen Nachbarn begegnet.

Quiche provençale

Zutaten für 2 Personen:

250 g Blätterteig
200 g Crème fraîche
5 g getrocknete Tomaten in Öl
50 g entsteinte schwarze Oliven
2 Knoblauchzehen
1 Zwiebel
1 Zweig Rosmarin
2 Zweige Thymian
Olivenöl
Pfeffer, Salz

Zubereitung:

Eine Springform mit Olivenöl gut einölen und mit dem Blätterteig auslegen, an den Rändern leicht hochziehen. Den Teig mit einer Gabel mehrfach einstechen.

Die Knoblauchzehen schälen und in dünne Scheiben schneiden. Rosmarinnadeln und Thymianblättchen abzupfen und fein hacken. Die Crème fraîche in einer Schüssel mit Rosmarin, Thymian, Knoblauch, Salz, Pfeffer und 1 El Olivenöl gut vermischen, anschließend den Teig damit bestreichen. Die Tomaten abtropfen und in dünne Streifen schneiden. Die Zwiebel schälen und in Ringe schneiden. Beides zusammen mit den Oliven auf dem Teig verteilen.

Den Backofen auf 200°C vorheizen und die Quiche ca. 25 Minuten lang darin backen, bis die Oberfläche goldbraun zu werden beginnt. Warm servieren.

Vom Siegeszug der Liebeslieder – die Troubadoure

Mit einem unergründlichen Lächeln hat die Hofdame der Darbietung gelauscht. Als der Gesangsvortrag beendet ist, neigt sie ihren Kopf leicht und klatscht einige Male verhalten in die Hände. Der Burgherr streift sie mit einem Seitenblick, lächelt dann der Trobairitz zu, die in der Mitte des Saales steht, und nickt kurz. Ihr Gesang hat gefallen. Die restlichen Hofleute applaudieren.

Es ist das frühe 13. Jahrhundert, wir befinden uns am Hof von Les Baux. In Südfrankreich ist eine neuartige Mode entstanden, die europaweit für Furore sorgen soll: höfischer Gesang. Meist sind es Männer, die schwermütige Liebeslieder singen, wehmütige Weisen um eine verlorene Liebe, um eine angebetete Dame, die doch für immer unerreichbar bleibt, es geht um gebrochene Herzen und tiefen Schmerz. Die höfische Welt ist begeistert.

Doch hin und wieder kommt es vor, dass auch einmal eine Frau singt. Die Sängerin Castelloza hat heute ein selbstkomponiertes Lied über eine betrogene Liebe vorgetragen. Es trägt den Titel »amics, s'ie us trobes avinen«, und sie hat großen Anklang damit gefunden. Castelloza ist eine hübsche junge Frau mit züchtig geflochtenem braunem Haar, sie trägt ein rotes, unter den Brüsten gebundenes und hochgeschlossenes Kleid sowie einen blauen Umhang. Ihre helle Sopranstimme klingt glasklar. Sie ist gemeinsam mit dem berühmten Troubadour Peirol an den Hof gekommen, der sie entdeckt hat.

Im Gegensatz zu den Minnegesangsdarbietungen im deutschsprachigen Raum, die ab Mitte des 12. Jahrhunderts nach dem französischem Vorbild in Mode kommen, treten nämlich bei Gesangsabenden in den ritterlichen Burgen der Provence auch Sängerinnen auf. Sie werden als Trobairitz bezeichnet, und sie sind das Pendant zu den männlichen Troubadours.

Auch diese Frauen dichten in der okzitanischen Sprache, einem galloromanischen Idiom, das noch heute in zahlreichen Dialekten gesprochen wird. Die verschiedenen okzitanischen Dialekte der Provence werden unter dem Begriff »Provenzalische Sprache« zusammengefasst. Diese Sprache hat sich aus dem Vulgärlatein entwickelt, das im südlichen Gallien gesprochen wurde, und ist im 12. und 13. Jahrhundert zu einer angesehenen Literatursprache aufgestiegen, der sich die Kulturschaffenden bei Hofe bedienten.

»Trobar« heißt in dieser Sprache so viel wie »finden«, und so sind die Troubadoure, die man in Provenzalischer Sprache auch als »trobador« bezeichnet, ja auch Er-»Finder« von Gedichten, Melodien und Liedern. Gute Troubadoure, die sich darauf verstehen, mitreißende Geschichten wortgewandt und von einschmeichelnden Melodien untermalt vorzutragen, sind die umjubelten Entertainer dieser Zeit.

Und es gelingt immerhin auch etwa 20 Frauen in Südfrankreich, eine erfolgreiche Laufbahn als Trobairitz vorzuweisen. Nicht viele verlässliche Dokumente sind über sie erhalten, sodass über ihr Leben in den meisten Fällen nur noch spekuliert werden kann. Ihre Lyrik unterscheidet sich aber prägnant von der ihrer männlichen Kollegen, denn sie ist aus dem Blickwinkel einer weiblichen Sicht verfasst. Das zentrale Thema der Sängerinnen ist die reine, die perfekte Liebe, also das von jedem ersehnte, doch in der Realität so unerreichbare Ideal.

Die männlichen Troubadoure wissen diesen höfischen Liebesliedern auch noch andere Kompositionen entgegenzusetzen. Zu fortgeschrittener Stunde unterhalten sie die anwesenden Edelleute gerne mit derberen, manchmal sogar obszönen Texten, sie prahlen dabei mit ihrer Potenz oder singen mit mehr oder weniger versteckten Andeutungen über andere sexuelle Themen, sie unterhalten mit Spottliedern, Nonsens und Parodien.

Die Kunst der Troubadourdichtung entstand im 12. Jahrhundert an den Fürstenhöfen der Provence scheinbar aus dem Nichts heraus. Mit einem Mal traten Sänger auf, die erstaunlich hochentwickelte Melodien und komplexe Reime vorzutragen wussten. Es ist daher wohl anzunehmen, dass sich diese Gesangsweise schon zuvor über einen längeren Zeitraum unter der Bevölkerung entwickelt hat, doch erstmals um 1150 begannen in der Provence auch Sänger adeliger Herkunft aufzutreten. Im Gegensatz zu den Spielmännern aus dem Volk verfügten diese über eine umfassende Bildung und konnten ihre Werke daher auch in schriftlicher Form niederlegen. Und ihr breit gefächertes Wissen manifestierte sich in ihrem rhetorisch und inhaltlich ausgefeilten Textwerk.

Selbstbewusst stellten Troubadour und Trobairitz sich selbst in den Mittelpunkt ihrer Lieder. So konnte sich ein Personenkult entwickeln, die gefragtesten Sänger waren die gefeierten Popstars ihrer Zeit. Von der Provence aus traten sie ihren Siegeszug an und eroberten nach und nach ganz Frankreich sowie Norditalien.

Wenn auch einige Frauen zu großem Ruhm als Trobairitz gelangten, so waren es doch deutlich mehr Männer, die auf diese Art Karriere machen konnten. Etwa 2.500 Lieder sind noch erhalten, sie stammen aus den Federn von ungefähr 450 verschiedenen Sängerinnen und Sängern.

Einer von ihnen war Bertran Caronel aus Marseille. Er dichtete das Lied von der Mühle, das zum Leitgedanken der Troubadourdichtung aufsteigen sollte: »Eine Strophe ohne Melodie ist so wie eine Mühle, die kein Wasser hat.« Denn was wäre die Welt ohne Musik?

Soupe aux fèves de Marseille – Bohnensuppe aus Marseille

Zutaten für 4 Personen:

250 g rote Kidneybohnen
250 g weiße Riesenbohnen
(beides bereits gekocht bzw. abgetropft aus der Dose)
2 kleine Zucchini
5 Tomaten
4 Frühlingszwiebeln
1 Bund Blattpetersilie
1 Bund Basilikum
1 rote Zwiebel
3 Knoblauchzehen
Saft von 1 Zitrone
1 Chilischote
250 ml Gemüsebrühe
200 ml Weißwein
Olivenöl
Salz, Pfeffer

Zubereitung:

Die Zwiebel schälen und würfeln, die Knoblauchzehen schälen und fein hacken. Die Frühlingszwiebeln putzen und in Ringe schneiden. Die Zucchini waschen, längs halbieren und in Scheiben schneiden. Die Chilischote aufschneiden, die Kerne entfernen, dann die Schote fein hacken. Die Tomaten mit kochendem Wasser überbrühen, häuten und in Würfel schneiden. Die Petersilienblättchen abzupfen und fein hacken, die Basilikumblättchen in dünne Streifen schneiden.

In einem Topf Olivenöl erhitzen. Zwiebeln und Knoblauch darin scharf anbraten, danach die Frühlingszwiebeln, Zucchini und Chili zugeben. Bei starker Hitze leicht bräunen lassen, anschließend mit der Gemüsebrühe und dem Wein ablöschen. Die Tomaten zugeben, aufkochen lassen, die Hitze reduzieren und die Suppe 15 Minuten köcheln lassen.

Nun die Bohnen und den Zitronensaft zugeben. Mit Salz und Pfeffer abschmecken und noch einmal kurz aufkochen. Zum Schluss die Petersilie unterrühren, die Suppe auf Tellern anrichten und mit dem Basilikum bestreuen.

Heilkräfte und Blütenpracht – die Gärten von Salagon

Der Himmel über der kleinen Ortschaft Mane im Département Alpes-de-Haute-Provence ist eingerahmt: Im Süden ragt die Bergkette des Grand Luberon mit dem 1.125 Meter hohen Gipfel Mourre Négre empor, im Norden der Gebirgszug der Montagne de Lure, dessen Berge mehr als 1.800 Höhenmeter erreichen.

Mane genoss nie eine besondere Bedeutung. Und doch war der Ort schon in römischer Zeit von Bauern besiedelt. Davon zeugen die Mauerreste einer Landvilla, die freigelegt wurden und besichtigt werden können. Nur wenige Kilometer von Mane entfernt verlief die alte Römerstraße Via Domitia, die Italien und Spanien miteinander verband und noch heute in vielen Abschnitten erhalten ist. Diese Verkehrsader brachte immer wieder Neuankömmlinge nach Mane, und manche von ihnen blieben.

So kamen im 12. Jahrhundert Benediktinermönche vorbei, beschlossen, sich hier niederzulassen, und gründeten ein Kloster. Sie bauten die kleine Kirche Notre-Dame-de-Salagon und eine romanische Priorei. Im 16. Jahrhundert siedelte sich ein italienischer Handwerker vor den Toren des Klosters an, der eine ganz besondere Kunst aus seiner Heimat mitgebracht hatte: die Keramikmalerei. Von nun an wurden in Mane kostbare Fayencen gefertigt. Im 19. Jahrhundert gehörte die

Töpferwerkstatt von Mane zu den erfolgreichsten der ganzen Provence.

Doch irgendwann kamen die Fayencen aus der Mode, zudem versiegte das Interesse am Klosterwesen. Die Keramikmacher und die frommen Brüder verschwanden, aber die alten Mauern blieben. Eines Tages um 1980 erwuchs die Idee, das verlassene Priorat einer neuen Nutzung zuzuführen: der Wiederbelebung der mittelalterlichen Gartenkunst der Provence.

In den folgenden Jahren entstand um die schöne Klosteranlage herum ein ethnobotanisches Museum mit zahlreichen thematischen Gärten, den Gärten von Salagon, in denen die uralte regionale Flora gehegt und gepflegt wird. Der mittelalterliche Garten allein beherbergt 400 verschiedene Arten von Nutzpflanzen. Daneben gibt es einen Kräuter- und einen Dorfgarten mit traditionellen Zier-, Würz- und Heilpflanzen der Haute Provence, einen Aromagarten mit Pflanzen, die für die Parfumherstellung gezüchtet werden, einen modernen Garten mit Pflanzen aus aller Welt, einen Garten mit weißen Eichen sowie einen Obst- und Gemüsegarten.

Ziel dieser Anlage sind Rekonstruktion sowie Erhaltung der alten Gartenkunst und vor allem auch des damit verbundenen Wissens. Um das zu erreichen, haben die Gärtner von Salagon umfangreiche Recherchen angestellt. Sie sind kreuz und quer durch die Provence gereist, um die alteingesessene Bevölkerung zu befragen. Dabei haben sie Pflanzen und Informationen über deren Anbau und Nutzung gesammelt und dokumentiert. So entstand mit den Jahren eine in ihrer Art einmalige Gartenanlage.

Mehr als 2.000 Heil-, Gift-, Blüh- und Gewürzpflanzen umfasst das Themenspektrum mittlerweile. Zu den provenzalischen Arten hat sich auch eine Auswahl von in Frankreich heimisch gewordenen Gewächsen anderer Kontinente gesellt.

In den Gärten von Salagon werden die einzelnen Exemplare vorgestellt und ihre Nutzungsmöglichkeiten erläutert, sei es als Heilpflanze, als Insektizid, als Gewürz, als Färbe- oder Nahrungsmittel, als Schmuckblume oder als Kosmetikum.

Wilder Wein rankt sich an den Trockenmauern entlang, und üppig gedeihen Flaum- und Steineichen. Am Zürgelbaum reifen dunkelrote, wohlschmeckende Früchte. Doch Vorsicht vor der Safranrebendolde! Sie hilft gegen Krätze, Epilepsie, Delirien und Schwindel, doch nur in homöopathischer Dosierung. Niedrigere Verdünnungen als D3 können schnell gefährlich werden, denn die krautig aussehende Pflanze ist giftig. Zu viel davon kann ein Koma nach sich ziehen, schlimmstenfalls gar zum Tode führen.

Im nächsten Beet wachsen das Wermutkraut Artemisia, aus dem man Absinth herstellt, und die seltene Silberraute, die gegen Fieber hilft. Der Saft der Walzen-Wolfsmilch wurde zur Darmreinigung verwendet, die Jungfer im Grünen liefert ein Alkaloid, das wurm- und harntreibend wirkt, in zu hoher Dosierung allerdings giftig ist. Das Öl der Pflanze dient wiederum zur Herstellung von Lippenstiften, könnte es etwa die Küsse vergiften?

Zwischen all diesen eher unscheinbaren Gewächsen stechen zahlreiche prächtige Blumen wie die Dalmatische Glockenblume, der Blauzungenlauch oder die Hoog-Schwertlilie heraus. Die Gärten von Salagon sind ein üppiges Paradies und ein Ort zum Schwelgen. Wenn ab der zweiten Maihälfte auch die Pflanzen aus den Gewächshäusern ins Freiland umgezogen sind, bietet sich hier ein herrlicher Spaziergang zwischen würzigen Aromen, farbenfrohen Blüten und der malerischen alten Priorei. Und spätestens dann verstehen wir, warum der kleine Ort Mane schon immer die Reisenden angezogen hat.

Pistou – provenzalische Kräuterpaste

Zutaten:

1 Bund Blattpetersilie
1 Bund Basilikum
3 Zweige Rosmarin
3 Zweige Zitronenthymian
3 Knoblauchzehen
Saft von 1 Zitrone
200 ml gutes Olivenöl
Salz, Pfeffer

Zubereitung:

Die Blättchen von den Kräutern abzupfen, Rosmarinnadeln von den Zweigen streifen und alle Blättchen und Nadeln sehr fein hacken. Anschließend sofort mit dem Zitronensaft beträufeln. Die Knoblauchzehen schälen und mit dem Messerrücken zerdrücken oder im Mörser zerquetschen. Zusammen mit dem Olivenöl mit den Kräutern vermischen, mit Salz und Pfeffer abschmecken.

Pistou ist der provenzalische Pesto. Er wird mit Baguette verspeist, mit Nudeln oder würzt eine leichte Gemüsesuppe.

Nietzsche, Kakteen und Luxushotels – Èze

Friedrich Nietzsche galt als ein schwieriger Mensch. Seine komplexen Gedankengänge waren für die meisten seiner Zeitgenossen nicht nachvollziehbar. Er polarisierte, und er brach mit allen, die seiner Philosophie nicht folgen wollten. Auch litt er an einer unbekannten Krankheit, ständige Kopfschmerzen trieben ihn fast in den Wahnsinn. Seine Psyche litt unter den Wechselbädern zwischen höchster Euphorie und tiefer Depression. Als er sich verliebte, die Angebetete ihn aber zurückwies, er sich zudem mit Mutter und Schwester überworfen hatte, packte er seine Sachen und verließ die Heimat. Krank, einsam und voller irrlichternder Gedanken wollte er eigentlich seinem Leben ein Ende bereiten. Doch so weit sollte es nicht kommen. Im italienischen Rapallo begann er, seine Gedanken zu sortieren und in Worte zu fassen. Er reiste weiter und entdeckte einen noch schöneren Ort: Èze an der Côte d'Azur.

Èze besteht aus den meist unten am Meer gelegenen Ortsteilen Èze-sur-Mer und St. Laurent d'Èze sowie dem wildromantischen Èze-Village oben auf den Felsen. Von diesen steilen Felsen geschützt genießt die Bucht vor Èze ein ganz besonderes Kleinklima: Bedingt durch die Hanglage weht nämlich im Sommer eine erfrischende leichte Brise, im Winter hingegen ist es stets ein paar angenehme Grad wärmer als in den Nachbarorten.

Hier verbrachte Nietzsche den Winter 1883/1884 und verfasste, inspiriert vom grandiosen Zauber der spektakulären Küstenlandschaft, einen großen Teil seines epochalen Werkes »Also sprach Zarathustra«. Er philosophierte von der ewigen Wiederholung aller Geschehnisse und vom möglichen Ausbruch aus diesem Teufelskreis durch den Tod Gottes und die Erschaffung des Übermenschen. Ein gewaltiges Gedankenkonstrukt, das bis heute die Gemüter in Aufruhr versetzt und das den Nationalsozialisten hinlänglich Raum bot, es für ihre Zwecke zu missbrauchen. Aber Nietzsches Zarathustra enthält weit mehr, als ein kleingeistiger Faschist zu erfassen vermag. Es ist die Essenz der Gedanken eines großen Philosophen.

Während des Winters in Èze entdeckte Nietzsche einen Wanderpfad, den er fortan immer wieder entlangging. Vom Meer aus führt dieser Weg hinauf in das malerische Bergdorf Èze-Village, das mehr als 400 Meter oberhalb wie ein Adlerhorst auf seiner Felskuppe thront. Es ist ein recht beschwerlicher, steiler und steiniger Pfad, aber er belohnt die Wandernden mit fantastischen Panoramen über die herrliche Küstenlandschaft. Heute ist er ausgeschildert und trägt den Namen »le chemin de Nietzsche«.

Mit seinen schmalen, autofreien mittelalterlichen Gassen hat das Bergdorf Èze-Village einen Charme, dem sich kaum jemand entziehen kann. Immer wieder fällt der Blick auf das azurblaue Meer und das westlich des Ortes liegende Cap Ferrat. Auf dem Wasser schaukeln die prachtvollen Jachten der High Society, die von der magischen Schönheit dieses Küstenabschnitts so unwiderstehlich angezogen wird.

Auch in Èze wird der Anwesenheit von so vielen finanzkräftigen Gästen Rechnung getragen. Die berühmten Parfümerien aus Grasse haben hier Filialen eröffnet, zahlreiche Kunsthandwerker, Ateliers, Galerien und Boutiquen versuchen, ihre Produkte auf möglichst lukrative Art an den Mann beziehungsweise an die Frau zu bringen. Hinzu haben sich zwei Luxushotels gesellt, die ihre Räumlichkeiten auf diverse alte Gebäude des Bergnestes verteilt haben. Wer es sich leisten kann, verbringt hier eine traumhafte Zeit vor einer atemberaubenden Kulisse.

Doch auch Gäste mit einem schmaleren Budget können sich von Èze verzaubern lassen. Der Eintritt in den »jardin exotique« zum Beispiel kostet nur wenige Euro. An den Hängen der Küste wurde hier um die Reste einer alten Burg herum ein Sukkulentengarten angelegt, in dem prächtige Kakteen, Agaven, Aloen, aber auch andere exotische Pflanzen aus der Mittelmeerregion, aus Afrika und Amerika gedeihen. Zwischen den teilweise meterhohen Gewächsen flattern wunderschöne Schmetterlinge herum. Der Garten ist mit Skulpturen des Künstlers Jean-Philippe Richard geschmückt, die in weich fließenden Formen meist weibliche Figuren darstellen. Als deren Hintergrund eröffnen sich Rundumblicke über die Küste und die Dächer von Èze. Der großartigste Aussichtspunkt ist die Terrasse der alten Burg am höchsten Punkt des Gartens. Das Panorama von hier oben ist eines der besten an der gesamten Côte d‘ Azur, der Blick reicht vom Cap Ferrat bis zum Cap d'Ail, und wer sich umwendet, sieht alle drei Corniche-Straßen.

Èze hat in den vergangenen Jahrzehnten eine rasante Entwicklung durchgemacht. Aus dem ehemals typisch provenzalischen Dörflein, in dem es bis in die 1950er Jahre hinein nicht einmal fließendes Wasser gab, ist ein Besuchermagnet geworden, der jährlich Hunderttausende von Touristen anzieht und auch beliebter Haltepunkt für Busreisegruppen ist. Um zu vermeiden, sich in engem Gedränge durch die Gassen zwängen zu müssen, empfiehlt sich ein Besuch früh morgens oder in den

Abendstunden, wenn die Tagestouristen weitergefahren sind und nur noch die wenigen Gästen der exklusiven Hotels in der Ortschaft zurückbleiben. Denn erst in diesen Stunden enthüllt Èze seine märchenhafte Magie zur Gänze.

Confiture de melon – Melonenmarmelade

Zutaten für vier Personen:

1300 g Melonenfruchtfleisch
Saft von 3 Zitronen
1 unbehandelte Limone
200 ml Roséwein
3 Zweige Zitronenmelisse
500 g Gelierzucker (3:1)

Zubereitung:

Das Melonenfruchtfleisch in Stücke schneiden und dabei alle Kerne sorgfältig entfernen. Anschließend die Melone mit dem Pürierstab zu Brei zerkleinern und den Zitronensaft unterrühren.

Die Limone waschen und mit dem Zestenschneider schälen. Danach auspressen. Den Saft unter die Melonenmasse rühren, die Schale in kleine Stückchen schneiden und ebenfalls unterrühren. Die Zitronenmelisseblättchen abzupfen, in kleine Stücke hacken und beiseitestellen.

Anschließend die Melonenmasse zusammen mit dem Gelierzucker und dem Wein in einen Topf füllen und unter ständigem Rühren aufkochen. 5 Minuten sprudelnd kochen lassen, dann die Zitronenmelisse unterrühren und die Masse sofort in saubere, gut verschließbare Marmeladengläser umfüllen. Am besten stehen die Gläser auf einem nassen Tuch, dann werden sie nicht durch die plötzliche Hitze zerplatzen. Die Gläser verschließen und 5 Minuten lang auf den Kopf stellen.

Am schönsten ist es natürlich, wenn Sie diese Marmelade aus den berühmten Melonen von Cavaillon zubereiten. Es eignen sich aber auch alle anderen Melonenarten dazu.

Begegnung mit der Belle Époque – das Hotel Negresco

Die Belle Époque gilt als die große Zeit des europäischen Aufbruchs. Seit dem Deutsch-Französischen Krieg, der 1871 zu Ende gegangen war, herrschte Frieden. Die industrielle Revolution spülte Geld in die Taschen der Fabrikanten, der Spekulanten, der Konstrukteure und Unternehmer. Mit einem Mal waren es nicht nur die alten Adelsstände, die sich etwas leisten konnten. Stattdessen wies das zu Geld gekommenen mittlere und gehobene Bürgertum dieser Epoche den Weg. Wohin mit dem neuen Reichtum?

Ganz klar: hin zu den großen Boulevards, in die Cafés und Cabarets, die Ateliers, Modehäuser und Salons, die Konzertsäle und die Galerien! Verschwenderische Pracht, große Abendgesellschaften, Luxus und Genuss standen auf der Wunschliste der neuen gesellschaftlichen Elite. Und eine weitere neue Mode kam auf: das Reisen. Die Erfindung der Eisenbahn ließ Europa näher zusammenrücken, schnell sprach sich herum, wo dessen schönste Orte lagen. Und ganz besonders reizvoll war es unter der Sonne des Südens, weit weg von den rauchenden Schloten und der Tristesse der Industrieregionen.

Der Dichter Stéphen Liégeard veröffentlichte 1887 ein Buch mit dem Titel »La Côte d'Azur«. Und wenn auch sein Werk mittlerweile in den Nebeln des Vergessens entschwunden ist, so hat er doch einen großen schöpferischen Akt vollbracht: Er erfand den Namen der Küste der Provence, den wir heute so selbstverständlich gebrauchen. Und er schürte die Sehnsucht seiner Zeitgenossen nach diesem gesegneten Stückchen Erde.

Damit begannen die Gründerjahre an der Côte d'Azur. Viele machten sich auf den Weg, um den wohlhabenden Reisenden ein angemessenes Willkommen zu ermöglichen. Mein Großvater aus Chemnitz ist einer davon gewesen, er arbeitete vor dem Ersten Weltkrieg als Oberkellner in einem edlen Hotel an der Prachtstraße Rue la Croisette von Cannes.

Ein anderer brach in den gleichen Jahren aus Rumänien nach Frankreich auf: Henri Negresco. Er war der Sohn eines Gastwirts und hatte schon mit fünfzehn Jahren seine Heimat verlassen, um als Kellner sein Glück in der Hauptstadt der Belle Époque zu machen: in Paris. Strebsam, arbeitsam und mit dem rechten Gespür für die Wünsche der begüterten Klientel hatte er dort schnell Erfolg. Auf dessen Wellen wurde er schließlich an die Gestade der Côte d'Azur gespült, wo er Direktor des Casinos von Nizza wurde. Und weil er ein aufmerksamer Beobachter war, sah er sofort, was Nizza fehlte: ein angemessenes Hotel! Sogar ein ganz besonders exquisites Hotel musste es sein, in dem nur die reichsten Leute der Welt Unterkunft finden sollten.

Es gelang dem Charismatiker schnell, die Finanzierung dieses Projekts auf die Beine zu stellen. In Édouard Niemans fand er einen Architekten, der versprach, aus den Möglichkeiten des Jugendstils alles herauszuholen, was dieser zu bieten hatte.

Und mit Gustave Eiffel gewann er dazu noch einen hochberühmten Konstrukteur. Eiffel kreierte eine pinkfarbene Kuppel für den Neubau, die Legende behauptet, dass der Busen einer seiner zahlreichen Geliebten dafür Modell stand. Ziemlich skandalös für die damalige Zeit!

Am herrlichen Uferboulevard »Promenade des Anglais« wurde schließlich 1912 der Traum des Henri Negresco Wirklichkeit: das Hotel Negresco, ein strahlend weißer, pompöser fünfgeschossiger Prachtbau der Superlative. Und die Rechnung ging auf. Sowohl gekrönte Häupter als auch die Mitglieder der High Society begannen sogleich, ins Negresco zu strömen.

Doch der Segen währte nicht lange. Der Erste Weltkrieg kam und setzte der Belle Époque brutal ein jähes Ende. Die Zeit der Vergnügungsreisen war vorbei, aus dem Luxushotel wurde ein Militärhospital.

Und als der schreckliche Krieg endlich vorbei war, musste Henri Negresco feststellen, dass dieser die nonchalante Leichtigkeit der Vorkriegsjahre unwiederbringlich mit sich hinfortgespült hatte. Die Gäste blieben aus. Seine Gläubiger, die die Kriegsjahre abgewartet hatten, verloren ihre Geduld. Negresco musste verkaufen. Er starb 1920 in Paris als gebrochener Mann.

Die folgenden Jahre brachten keine Wende. Europa hatte vorerst andere Sorgen, das Negresco dümpelte vor sich hin und verkam. Erst als die Côte d'Azur in den Fünfzigerjahren einen neuen Aufschwung erlebte, gelangte auch das Negresco wieder zur Blüte. Es wurde jetzt von einem französischen Makler übernommen. Vor allem dessen Tochter, Madame Jeanne Augier, zeigte das richtige Gespür für die edle Bausubstanz und verwandelte das Gebäude in einen wahren Palast. Nun stellte sich das glamouröse Publikum wieder ein und half nach Kräften mit, das Negresco zu einer Legende unter den großen Hotels dieser Welt zu machen.

Längst ranken sich bemerkenswerte Geschichten um das Negresco, wie zum Beispiel die von Richard Burton, der nach übermäßigem Alkoholgenuss das Smaragdgeschmeide an der Bar liegen ließ, das er für Liz Taylor gekauft hatte. Oder die von Michael Jackson, der sich im Negresco einen Tanzraum zum Üben einrichten ließ und jeden Tag mit neuen Verkleidungen in den Salons des Hotels erschien, um nicht erkannt zu werden. Romy Schneider verbrachte hier die Zeit der rosa Wölkchen während ihrer Liebesbeziehung mit Alain Delon. Anthony Quinn checkte mit zwanzig Koffern ein und fuhr danach mit dem Fahrrad durch Nizza, immer gefolgt von seiner Frau im weißen Cadillac. Übertroffen wurde er allerdings vom Bruder des saudischen Königs, der mit zwei Jets und einem Tross von fünfzig Leuten anreiste. Einer der Jets beförderte nur das Gepäck des königlichen Bruders, darunter Fernseher, Möbelstücke und dergleichen. Auch die Beatles wohnten ihrerzeit im Negresco, außerdem Marlene Dietrich, Frank Sinatra, Greta Garbo, Mick Jagger und sogar die Queen.

Keiner von ihnen konnte sich dem außerordentlichen Flair dieses Hotels entziehen. Denn Madame Augier bewies einen fantastischen Sinn für das Einzigartige. Es war ihre Idee, im Negresco auf stilvolle Weise die Geschichte Frankreichs und seiner Kunst nachzuzeichnen und den Gästen des Hauses auf diese Art nahezubringen. Sie verwandelte ihr Hotel so ganz nebenbei in eine einzigartige Kunstausstellung. Mittlerweile beherbergt es mehr als 6.000 Exponate, darunter Werke von Salvador Dalí, Andy Warhol, Pierre-Auguste Renoir, Niki de Saint Phalle oder Victor Vasarely, die auf gekonnte Weise mit historischen Gemälden kombiniert wurden.

Ein Portier im napoleonischen Reiterkostüm empfängt die Gäste des Grand Hotels. Le Chantecler, das vornehme Restaurant des Hauses, darf sich mit so begehrten Auszeichnungen wie Michelin-Sternen schmücken, in seinem Weinkeller lagern an die 15.000 Flaschen der erlesensten Weine und Champagner. Die hauseigene Brasserie La Rotonde ist verspielt im Stil eines Zirkuskarussells gestaltet. Keines der Zimmer und keine der Suiten des Hotels gleicht den anderen. Jede Etage ist einer anderen Stilepoche nachempfunden. Kein Wunder, dass das Hotel mittlerweile unter Denkmalschutz steht.

Der islamistische Terroranschlag vom Juli 2016, bei dem in Nizza 86 Menschen starben und weitere 400 zum Teil schwer verletzt wurden, brachte auch das Hotel Negresco in die Schlagzeilen, denn der Attentäter lieferte sich vor dessen Pforten eine Schießerei mit der Polizei. In der Hotellobby wurden nach dem Anschlag Verletzte versorgt. Die fürchterlichen Ereignisse mögen auch die damals schon hochbetagte Madame Augier schwer erschüttert haben. Sie starb anderthalb Jahre später im Alter von 95 Jahren.

Es heißt, dass Bill Gates ihr eines Tages einen Blankoscheck überreichte und sie aufforderte, die Summe selbst zu bestimmen, zu der sie ihr Hotel verkaufen würde. Madame lehnte ab. Ein solches Kleinod hat wohl keinen Preis, der sich in Ziffern ausdrücken lässt.

Pissaladière – Zwiebelkuchen aus Nizza

Zutaten für vier Personen:

500 g Mehl
20 g Hefe
1 kg Gemüsezwiebeln
12 Anchovis
1 rote Paprikaschote
1 gelbe Paprikaschote
2 Knoblauchzehen
6 Thymianzweige
100 g schwarze Oliven (entsteint)
4 El Olivenöl
4 Stiele Blattpetersilie
1 El Zucker
Salz, Pfeffer
Mehl für die Arbeitsplatte

Zubereitung:

Die Hefe und den Zucker in einer Tasse mit einem Löffel so lange zerdrücken, bis die Hefe flüssig geworden ist. Das Mehl mit 300 ml lauwarmem Wasser und 1 Tl Salz in einer Schüssel vermischen, die flüssige Hefe dazugeben und alles zu einem glatten Teig verarbeiten. 10 Minuten kräftig kneten, dann mit einem Geschirrtuch abdecken und 1 Stunde an einem warmen Ort gehen lassen.

Die Zwiebeln schälen, halbieren und in dünne Streifen schneiden. Die Paprikaschoten vierteln, putzen und in Streifen schneiden. Die Knoblauchzehen schälen und fein hacken. In einer großen Pfanne das Öl erhitzen und die Zwiebeln darin 10 Minuten bei mittlerer Hitze rösten. Dann Knoblauch und Paprika hinzugeben und noch einmal 5 Minuten rösten. Salzen und pfeffern, die Thymianblättchen abzupfen und untermischen.

Den Teig nach Ende der Gehzeit noch einmal kräftig durchkneten. Eine Arbeitsfläche mit Mehl bestäuben und den Teig darauf etwa 3 mm dick ausrollen. Ein Backblech mit Backpapier auslegen und den Teig darauflegen. Den Belag darauf verteilen und die Oliven darübergeben. Den Backofen auf 220°C vorheizen und die Pissaladière 20 Minuten darin backen. In der Zwischenzeit die Anchovis gut abtropfen lassen, die Petersilienblättchen abzupfen und fein hacken.

Nach Ende der Backzeit die Anchovis auf die Pissaladière legen und die Petersilie darüberstreuen. Warm genießen.

Eine spektakuläre Sichtung – UFOs über der Provence!

»Mama, komm schnell, da ist ein UFO!« Die Kinder schienen völlig außer sich zu sein. Ich lächelte milde. So ein Unsinn. Als ich keinerlei Anstalten machte, meinen gemütlichen Schattenplatz zu verlassen, begannen sie, an meinem Arm zu zerren. Ich müsse unbedingt mitkommen, und zwar unverzüglich. Das Ding bewege sich mit ziemlicher Geschwindigkeit über den Himmel, und gleich sei es weg!

Widerstrebend erhob ich mich. Es war Nachmittag, und die Temperaturen betrugen gut und gern um die 30 Grad. Wie gerne wäre ich faul im Liegestuhl auf der Terrasse unseres Ferienhauses in Sainte-Maxime geblieben. Aber die Kinder zeigten sich ganz offensichtlich äußerst beunruhigt. Mir blieb keine Wahl, als ihre Sorge ernst zu nehmen und der Sache auf den Grund zu gehen.

Ich kam gerade noch rechtzeitig, um ein leicht schräg liegendes, hell irisierendes, rundes Etwas mit beachtlicher Geschwindigkeit Richtung Horizont verschwinden zu sehen. Das war tatsächlich eine fliegende Untertasse, es konnte keinen Zweifel geben! Die Kinder hatten recht gehabt. Ihre Aufregung begann, mich anzustecken.

Nein, nein, beschwichtigte meine französische Freundin Fabienne, mit der gemeinsam wir den Urlaub verbrachten. Sie lächelte wissend und schüttelte den Kopf. Das sei kein Raumschiff von einem anderen Stern gewesen, sondern bloß eine Lenticulariswolke, erklärte sie und riss uns aus der schönen Sensationsvorstellung, Zeugen einer spektakulären Sichtung geworden zu sein.

Die Bezeichnung »Lenticularis«, so dozierte sie, komme aus dem Lateinischen und bedeute »linsenartig«. Diese Wolken haben nämlich die Form von Linsen. Ihre Begrenzungen sind ungewöhnlich scharf definiert und oft irisieren sie, ihre Oberfläche scheint in unterschiedlichen Farben zu schillern. Dadurch sehen sie einem UFO wirklich verblüffend ähnlich. Es ist gar nicht so ungewöhnlich, dass sie als solches missinterpretiert werden.

Ich hatte unwillkürlich zu meinem Poncho gegriffen, der über der Lehne eines Gartenstuhls lag, und ihn mir umgehängt, denn es war ein frischer Wind aufgekommen. »Wird es dir etwa kühl?«, fragte Fabienne und grinste wissend. Auch das sei kein Wunder, fuhr sie fort und strich eine Strähne ihres dunklen Haars aus dem Gesicht, die sich in der der vorwitzigen Brise dorthin verirrt hatte.

»Die Lenticulariswolken entstehen, wenn die Luft über den Bergen aufsteigt,« erläuterte Fabienne, als wir uns wieder in unseren Liegestühlen niederließen. »Dann verharren sie auch bei starkem Wind an der gleichen Stelle, der Wind fließt durch sie hindurch. Das ist es wohl, was zu ihrer außergewöhnlichen Form führt.« Bewegen die Wolken sich aber, ist das ein Zeichen dafür, dass sie sich an der Grenze zweier übereinanderliegender Luftschichten befinden. Und das heißt nichts anderes, als dass eine plötzliche Wetterveränderung bevorsteht: Der Mistral kommt! Der Mistral wird alle Wolken vertreiben und einen strahlend blauen Himmel zurücklassen. Und zwar im Handumdrehen, denn er erreicht Geschwindigkeiten von bis zu 135 Stundenkilometern.

»Die Kehrseite der Medaille ist, dass sich auch die Temperaturen in Windeseile ändern, und zwar nach unten. Innerhalb kürzester Zeit kann es um zehn Grad kälter werden,« wusste Fabienne. Auch sie fröstelte inzwischen und griff zu ihrer Strickjacke.

Wenn über Nordfrankreich ein Tiefdruckgebiet liegt, das in Richtung Osten abzieht, wird durch den entstehenden Sog kalte Polarluft angezogen. Diese Luft strömt mit Macht in Richtung Süden, wobei die Alpen und der Gebirgszug der Cevennen ihren Weg blockieren und sie wie in einem Trichter ins Rhônetal drücken.

Das Rhônetal ist nämlich ein Grabenbruch zwischen den beiden Gebirgen. Durch diese Kanalisierung entsteht der sogenannte Düseneffekt: Die Windgeschwindigkeit steigert sich rasant. So kommt dann die eisige Polarluft als stürmischer Mistral aus Richtung Nordwest in der Provence an. Und seine Vorboten sind oft die UFO-artigen Lenticulariswolken. Erscheinen sie am Himmel, dann wissen die Einheimischen, dass sie wärmere Kleidung bereithalten müssen.

Der Mistral weht so häufig, dass viele Bäume im Rohnetal entsprechend der Windrichtung nach Süden gebogen sind. Und die Spitzen der Glockentürme provenzalischer Kirchen enden seinetwegen oft in Gitterkäfigen, die den Wind hindurchwehen lassen und seiner Kraft somit deutlich weniger Widerstand entgegensetzen.

Dieser Nordwind kann tagelang anhalten und zu den erwähnten Temperaturstürzen führen. Über die Provence hinweg weht er weiter übers Mittelmeer, die Inseln Menorca und Sardinien können dort seine Auswirkungen zu spüren bekommen. Lediglich der Osten der Côte d'Azur bleibt vor dem kalten Wind bewahrt, denn ihn schützen die nahen hohen Berge.

Puristen bezeichnen nur den kalten Wind aus dem Rhônetal als Mistral. Eine klare Definition gibt es aber nicht. Manche titulieren deshalb auch jeden anderen kalten Nordwind im Mittelmeerraum als Mistral. Die Sizilianer haben ihren Maestrale, die Kroaten ihren Maestral. Die Griechen bezeichnen solchen Wind als Maïstrali, in Katalonien nennt man ihn Cers, was aber nur eine andere Bezeichnung für den Mistral ist.

Der Mistral ist nicht nur kalt, sondern auch sehr trocken, womit er für einen klaren Himmel über der Provence sorgt. Alle Luftfeuchtigkeit ist dann sprichwörtlich wie weggeblasen. Das trocknet auch die Böden aus und erhöht die Waldbrandgefahr. Aber neben Trockenheit und Kälte bringt der Mistral auch ein ganz besonderes Geschenk mit: Er beschert den Nächte in der Provence einen geradezu unglaublichen Sternenhimmel. Selbst wenn sich daran kein UFO zeigen mag, so geben diese provenzalischen Mistralnächte doch einen majestätischen Einblick in die unendlichen Weiten des Weltraums.

Nougat provençale

Zutaten:

Je 150 g Haselnüsse und Mandeln (beide ohne Schalen und ohne braunes Häutchen. Das Häutchen lässt sich leicht entfernen wenn man die Nüsse kurz in siedendes Wasser getaucht hat)
450 g Zucker
50 g gehackte Pistazien
50 g kandierter Ingwer
50 g Orangeat
50 g Zitronat
50 g Amarenakirschen
80 g Honig
2 Eiweiße
4 El Traubenkernöl
400 g Zartbitter-Kuvertüre
Salz

Zubereitung:

Haselnüsse und Mandeln grob zerhacken und bei 180°C 15 Minuten lang auf einem Backblech im Ofen rösten. Ingwer, Orangeat und Zitronat in kleine Stücke schneiden. Die Amarenakirschen abtropfen lassen und ebenfalls kleinschneiden. Die Eiweiße mit 50 g Zucker und 1 Prise Salz zu sehr steifem Eischnee schlagen. Den restlichen Zucker mit 150 ml Wasser in einem Topf vermischen und aufkochen, sodass Zuckersirup entsteht. Der Sirup muss zum Zeitpunkt der Verarbeitung eine Temperatur von 150°C haben, sonst misslingt der Nougat. Man kann die Temperatur mit einem Zuckerthermometer prüfen.

In einem anderen Topf den Honig erhitzen. Wenn der Honig zu sieden beginnt, muss er ganz langsam und unter Rühren mit dem Handmixer auf kleinster Stufe zum Eischnee gegossen werden. Anschließend genauso langsam den heißen Sirup hinzufließen lassen. Die Masse ca. 3 Minuten weiterschlagen, bis sie dick und schaumig ist.

Nun die warmen Nüsse unter die Masse rühren, danach Pistazien, Amarenakirschen, Orangeat, Zitronat und Ingwer unterheben. Einen Bogen Backpapier mit der Hälfte des Öls gut einstreichen und die Masse daraufgeben. Einen zweiten Bogen mit dem restlichen Öl einstreichen und mit der Ölseite nach unten auf die Masse legen. Leicht andrücken, dann die Masse mit einem Nudelholz etwa 3–4 cm dick ausrollen. Mit einem Brett beschweren und über Nacht fest werden lassen.

Am nächsten Tag die Kuvertüre hacken und im Wasserbad zum Schmelzen bringen. Das obere Backpapier von der Nougatmasse ziehen und die Oberseite der Masse mit der Kuvertüre bestreichen. Abkühlen lassen, dann einen neuen Bogen Backpapier darauflegen, die Masse wenden und mit der anderen Seite genauso verfahren.

Sobald die Kuvertüre fest geworden ist, den Nougat mit einem scharfen Messer in mundgerechte Stücke schneiden. Dabei das Messer immer wieder mit einem feuchten Tuch abwischen.

Die Nougatstücke jeweils mit einer kleinen Gabel aufpicken und in die restliche Kuvertüre tauchen. Auf Backpapier setzen und fest werden lassen, danach lichtgeschützt, kühl und trocken aufbewahren.

Die Prinzessin und die Millionäre – Ausflug nach Monaco

Für mich fühlt es sich fast so an, als sei ich gemeinsam mit Caroline von Monaco aufgewachsen. Denn meine Großmutter pflegte in den Siebzigerjahren regelmäßig diverse Frauenzeitschriften zu studieren, die dann auch in meine kindlichen Hände fielen. Zumindest in meiner Erinnerung war die hübsche junge Fürstentochter eigentlich ständig auf dem Titel oder zumindest in einer tragenden Story präsent. Die Hintergründe verstand ich damals allerdings noch nicht. Sie wurde »Prinzessin« genannt, das kannte ich eigentlich nur aus dem Märchen.

Ein kurzer Blick auf die Landkarte verrät, dass das Reich, aus dem die Prinzessin Caroline kam, geradezu lächerlich klein ist. Es ist bloß ein Landklecks von gerade einmal zwei Quadratkilometern Fläche. Da stellen sich zwei Fragen: Zum einen, warum ist dieses winzige Stückchen Land so berühmt und von der Boulevardpresse geliebt? Zum anderen, wieso ist dieser Küstenflecken überhaupt vom Rest der Provence abgetrennt?

Monaco ist in der Tat nur eine winzige Exklave auf dem Gebiet der Region Provence-Alpes-Côte d'Azur. Aber schon seit 1489 ist Monaco unabhängig, denn damals wurde es vom Königreich Frankreich offiziell als eigenständig anerkannt. Herrscher über das Miniaturland waren die Fürsten Grimaldi, die ursprünglich aus Genua stammten. Im Lauf der Jahrhunderte hatte es immer wieder Streit um diese Küstenregion gegeben, nicht nur Genua erhob Besitzansprüche, auch Spanier, Franzosen und Sarden meldeten ihr Interesse an.

Frankreich stellte Monaco mit der Anerkennung unter seinen besonderen Schutz. Das Fortbestehen der Unabhängigkeit des Stadtstaates war aber an die Existenz der Grimaldi-Dynastie gebunden. Sollten der Grimaldifürst sterben, ohne einen Erben zu hinterlassen, so würde Monaco umgehend an Frankreich fallen. Kein Wunder, dass die Thronfolge fortan sehr ernst genommen wurde. Seit 1918 gewährt der Schutzvertrag zwischen Monaco und Frankreich allerdings in diesem Fall die Einrichtung eines autonomen Staates unter dem Protektorat Frankreichs. Monaco kann sich also entspannen, es wird weiterexistieren. Aber das möchten die Grimaldis in ihrem schönen Schloss natürlich auch.

Warum aber ist dieses winzige Fleckchen Erde so unglaublich attraktiv? Auf den zwei Quadratkilometern quetschen sich fast 40.000 Menschen zusammen, knappe 80 Prozent davon sind Ausländer. Tatsächlich besitzt Monaco die weltweit mit Abstand höchste Einwohnerdichte.

Wer einmal in Monaco gewesen ist, der weiß, dass ein Grund für die Beliebtheit des Ländchens definitiv ausscheidet: Es kann unmöglich seine Schönheit sein. Denn der knappe Raum ließ keinen großzügigen Platz für die vielen Bewohner. In der Folge entstanden zahllose mehr oder weniger hässliche Wohnkasernen, in denen sich die Bewohner von Monaco zusammendrängen.

Und das tun sie aus einem einzigen Grund: Monaco erhebt weder Einkommen- noch Erbschaftsteuern. Deshalb tummeln sich in Monaco vor allem die Reichen, die ihr Vermögen am heimischen Fiskus vorbeischleusen wollen. Es heißt, dass jeder zweite Einwohner des Ministaates Millionär ist. Wobei die meisten davon natürlich keine echten Monegassen sind, also

Inhaber eines Passes des Stadtstaates. Sie sind hierhergekommen, weil sie sich die astronomischen Mieten und Immobilienpreise leisten können und trotz dieser Ausgaben noch immer von der Steuerersparnis daheim profitieren. Monaco kann also nicht nur die höchste Einwohnerdichte aufweisen, es verfügt zudem noch über die weltgrößte Millionärsdichte. Und es ist dabei nach dem Vatikanstaat der kleinste Staat der Erde.

Der berühmteste Ortsteil von Monaco ist Monte Carlo. Seinen Glanz verdankt das Viertel vor allem dem legendären Spielcasino, das Mitte des 19. Jahrhunderts hier entstand. Damals war das Haus Grimaldi ziemlich klamm und die Herrschaften machten sich Gedanken darüber, wie sie frisches Geld in die Kassen spülen könnten. Die Geschichte der Spielbank ist äußerst wechselhaft, nicht immer liefen die Geschäfte gut. Eine große Blütezeit erlebte das Haus während des Zweiten Weltkriegs, als es zum Tummelplatz für Nazioffiziere, französische Kollaborateure, vom Krieg profitierende Geschäftsleute und Abenteurer avancierte.

Nach dem Krieg setzte eine erneute Flautezeit ein, die der griechische Reeder und Milliardär Aristoteles Onassis durch die feindliche Übernahme des Casinos beendete. Das große Bohei in der Folge der Glamourhochzeit zwischen der Schauspielerin Grace Kelly und Fürst Rainier von Monaco gab dem Geschäft einen zusätzlichen Anschub. Denn es fiel auch noch in die Zeit des allgemeinen Aufschwungs der Region Côte d'Azur. Erst nach einem Streit mit Fürst Rainier zog sich Onassis Jahre später wieder aus dem Geschäft zurück, das sich seit dem Ausscheiden des brillanten Geschäftsmanns wieder rückläufig entwickelt.

Sagenumwoben sind die Geschichten der Verzweifelten, die sich nach dramatischen Verlusten am Roulettetisch von den Klippen in den Tod stürzten. Ob sie der Wahrheit entsprechen, weiß ich nicht. Tatsache ist aber, dass Monaco beabsichtigte, sich aus den Einnahmen der Spielbank zu finanzieren. Deshalb wurden die Steuern für Privatpersonen abgeschafft. Die Rechnung ist allerdings nicht ganz aufgegangen. Nur um die fünf Prozent des Staatshaushalts werden von der Spielbank getragen. Da erwies sich die Abschaffung der Steuern als die bessere Idee, denn dank der indirekten Steuern beteiligen sich die reichen Gäste nach Kräften an der Finanzierung des Kleinstaats.

Zur Unterhaltung der illustren Gäste hat sich Monaco denn auch so einiges einfallen lassen. Ein schicker Jachthafen, elegante Clubs und Restaurants, ein Opernhaus, in dem nur die Crème der Szene auftritt, Museen und Kulturpreise, ein Tanztheater und das berühmte Zirkusfestival von Monte Carlo sorgen für ein abgerundetes Unterhaltungsangebot. Der Fußballverein spielt recht erfolgreich in der französischen Liga. Das Monte Carlo Masters gehört zu den wichtigsten Turnieren im Herrentennis. Dazu gibt es noch das bedeutendste Pokerturnier Europas, die EPT Monte Carlo.

Der Knüller unter den Sportevents sind aber die Motorsportereignisse: Die Rallye Monte Carlo ist eine wilde Rennfahrt im französischen Hinterland des Kleinstaats. Sie findet seit 1911 statt und gilt als die Mutter des Rallyesports. Ursprünglich stellte sie eine Sternfahrt aus verschiedenen europäischen Städten mit dem gemeinsamen Ziel Monaco dar, und Hintergedanke war es, Touristen ins Land zu bringen. Die Rallye wurde zum Mythos, ihr dramatischster Part ist die »Nacht der langen Messer«, eine rasante Passfahrt bei Dunkelheit über den kurvenreichen Col de Turini.

Noch spektakulärer ist der Große Preis von Monaco, denn hier tritt die Formel 1 an. Und zwar nicht auf einer eigens dafür geschaffenen Rennstrecke, sondern quer durch die Stadtbezirke Monte Carlo und La Condamine. Das Rennen fand erstmals 1929 statt, seit 1955 ist es fester Bestandteil der Formel-1-Weltmeisterschaft. In 78 Runden quälen sich die Piloten durch die engen Straßen der Stadt, dabei können sie kaum schneller als 150 Stundenkilometer fahren. Es sei wie Hubschrauber fliegen im Wohnzimmer, meinte der brasilianische Rennfahrer Nelson Piquet dazu.

Die Monegassen haben sogar eine eigene Sprache, das Monegassische. Es ist eine romanische Sprache, die ein bisschen wie der ligurische Dialekt der italienischen Nachbarn klingt. Monegassisch ist zwar Pflichtfach an den Schulen, Amtssprache ist jedoch Französisch.

Das Problem Monacos ist eigentlich nur der fehlende Raum. Mindestens 100.000 Euro pro Quadratmeter muss man hier für ein Penthouse hinblättern. Aber es gibt ganz offensichtlich genug Leute, die sich das leisten können und wollen. Deshalb bemüht sich der Gemeinderat schon seit den Siebzigerjahren, dem Meer durch Aufschüttung neues Land abzutrotzen. Überall wird gebaut, jeder noch so kleine Flecken des kostbaren Untergrunds wird so effizient wie möglich ausgenutzt, hoch und eng reihen sich die Bauten aneinander. Deshalb wird Monaco auch das »Manhattan des Mittelmeers« genannt. Es präsentiert sich als das Gegenteil dessen, was ich mir unter einem pittoresken mediterranen Hafenstädtchen vorstelle.

Vielleicht liegt es daran, dass Caroline, die Begleiterin meiner Kindertage, den Kleinstaat längst verlassen hat. Ich weiß nicht, was die Tochter von Fürst Rainier und Hollywoodstar Grace Kelly heutzutage macht, denn meine Lesegewohnheiten haben sich seit jener Zeit verändert. Aber sie lebt wohl inzwischen in Saint-Rémy-de-Provence, dem Geburtsort des Nostradamus. Dort ist es sicherlich beschaulicher als in Monaco und weitaus lieblicher als in der Heimat ihres hannoverschen Ehemanns. Zumal letzterer, so habe ich gehört, nicht gerade als Sympathieträger gelten soll.

Barbajuan – Teigtaschen aus Monaco

Zutaten für 4 Personen:

250 g Mehl
4 Eier
400 g Kartoffeln
40 g Paniermehl
1 Bund Blattpetersilie
60 g gehackte Mandeln
50 g geriebener Hartkäse
2 Zweige Thymian
50 g schwarze Oliven (entsteint)
1 l Olivenöl
Pfeffer, Salz
Mehl zum Bestäuben der Arbeitsplatte

Zubereitung:

Für den Teig das Mehl mit 50 ml Olivenöl, 1 Ei, einer Prise Salz und 70 ml Wasser gut vermischen und zu einem geschmeidigen Teig verkneten. Abgedeckt 2 Stunden ruhen lassen.

Die Kartoffeln schälen und in Salzwasser garen. Anschließend zu Brei zerstampfen und mit 30 ml Olivenöl, den Semmelbröseln, Mandeln und dem Käse vermischen. Die Oliven hacken und untermischen. Die Thymianblättchen und die Petersilienblättchen abzupfen, fein hacken und ebenfalls untermengen. Mit Salz und Pfeffer abschmecken.

Nun den Teig etwa 0,5 - 1 cm dick auf einer mit Mehl bestäubten Arbeitsplatte ausrollen und in ca. 8 x 4 cm große Rechtecke schneiden. In die Mitte jeweils einen Klecks der Kartoffelmasse setzen, dann zusammenfalten, an den Seitenrändern mit etwas Wasser anfeuchten und gut zusammendrücken.

Das restliche Olivenöl in einem Topf gut erhitzen und die Teigtaschen darin goldbraun ausbacken.

Bücher, Verse und Platanen – drei Freunde aus Aix-en-Provence

An einem strahlenden Sommertag verabschiedeten Paul und Émile nach dem Baden im Flüsschen Arc ihren Kameraden Jean-Baptiste. Der musste zurück nach Hause. Im Hôtel des Thermes, das seinen Eltern gehörte, würde es eine Abendgesellschaft geben, und Jean-Baptiste sollte dort helfen. Es fiel ihm schwer, sich nach dem fröhlichen Plantschen und der erfrischenden Plauderei von seinen beiden besten Freunden zu trennen.

Die drei gingen zusammen zur Schule und wurden allgemein nur als »die Unzertrennlichen« bezeichnet. Sie bildeten ein eingeschworenes Trio. Am liebsten steckten sie ihre Nasen in Bücher und tauschten sich hinterher über das Gelesene aus. Theater, Gedichte, Romane, das fanden sie großartig. Sie dichteten auch selbst, Paul bediente sich dabei der lateinischen Sprache, doch Émile kritisierte die Verse seines Freundes. Er fand sie viel zu oberflächlich. Paul lachte nur, wenn Émile diese Einwände vorbrachte, und zitierte übertrieben theatralisch ein paar Verse von Homer. Für ihn war alles nur ein großer Spaß.

An anderen Tagen saßen sie nach dem Schwimmen noch am Ufer des Arc zusammen, fischten und debattierten währenddessen über ihre schöngeistigen Interessen. Aber heute war es zu heiß. Paul und Émile schlenderten lieber noch ein bisschen im Schatten der Platanen des Cours Mirabeau. Dieser herrliche Flanierboulevard verbindet noch heute das Zentrum ihrer Heimatstadt Aix-en-Provence mit dem edlen Mazarin-Viertel.

Irgendwann vor vielen Jahren, es musste wohl im 17. Jahrhundert gewesen sein, hatte ein Bischof mit Namen Mazarin dieses Viertel bauen lassen. Schachbrettartig und wohlgeordnet bot es ein angemessenes Quartier für den Adel von Aix, dem das Chaos und der Schmutz in der alten Innenstadt nicht mehr zuzumuten waren. Anstelle der historischen Stadtmauern entstand eine großartige Platanenallee, auf der die Herrschaften in noblen Karossen standesgemäß von ihren diversen Geschäften und Unternehmungen in der City zurück zu den neuen Wohndomizilen fahren konnten.

Links und rechts dieser Straße gab es jetzt, im Jahr 1850, bürgerliche Häuser mit üppig geschmückten Eingangsportalen und kunstvoll geschmiedeten Balkongeländern, elegante Hotels, vornehme Läden, Büchereien und Cafés. Die Brasserie »Les Deux Garçons« sollte später zum Lieblingstreffpunkt von Paul und Émile werden, aber das würde noch ein Weilchen dauern. Denn die beiden waren noch Kinder.

Während sie nun den Boulevard entlangschlenderten, richtete Paul seinen Blick nach oben in das Blätterdach der Platanen, deren sattes Grün die Nachmittagssonne zum Leuchten brachte. »Was für herrliche Farben«, sagte er zu seinem Freund, »so etwas müsste man malen!« Émile, der eine feine Dame beobachtet hatte, die am Arm eines vornehm gekleideten Herrn vor ihnen herging und in ein aufgeregtes Gespräch mit ihrem Begleiter verwickelt war, wurde aus seinen Gedanken gerissen. »Schau dir diese Leute an«, entgegnete er, »über die müsste man schreiben!«

Jean-Baptiste Baille, der jüngste der drei Freunde, der an diesem Nachmittag hatte nach Hause zurückkehren müssen, wurde später ein erfolgreicher Wissenschaftler und Industrieller. Als Astronom arbeitete er am Pariser Observatorium, außerdem leitete er ein Unternehmen, das optische Geräte herstellte. Wenig erfreut zeigte er sich allerdings über seinen langjährigen Freund Émile. Denn der hatte ihn kurzerhand zur Figur in einem seiner Bücher gemacht. Und Émiles Bücher erwiesen sich als ziemlich erfolgreich, sie fanden eine breite Leserschaft. Zumindest, seit Émile zurück in seine Geburtsstadt Paris ging und dort als linksliberaler Journalist politisch aktiv wurde.

Émile Zola war schon als Kleinkind aus Paris nach Aix-en-Provence gekommen. Sein Vater, ein italienischer Ingenieur, hatte dort nämlich den Auftrag zum Bau eines Aquäduktes erhalten. In der Schule freundete Émile sich mit Jean-Baptiste Baille an, sein allerbester Freund aber wurde Paul Cézanne.

Ihre gemeinsame Liebe zur Natur brachte die Gefährten zunächst zur Romantik. Paul Cézanne malte in naturverbundenem Realismus, Émile Zola begründete die literarische Strömung des Naturalismus. Der sollte er treu bleiben, während Paul Cézanne begann, sich mit dem Impressionismus auseinanderzusetzen. Hieraus entwickelte er einen neuen, eigenen Malstil, er verhärtete die weichen, fließenden Formen der Impressionisten und erneuerte althergebrachte Darstellungsweisen mit den nun modern gewordenen farbtechnischen Mitteln. Seine Zeitgenossen zeigten zunächst wenig Verständnis dafür.

Émile Zola drängte seinen Freund, ihm nach Paris zu folgen und dort ein ordentliches Kunststudium aufzunehmen. Doch die renommierte Kunstakademie École des Beaux-Arts wies Paul Cézanne ab. Er sei zu untalentiert, meinten die gelehrten Herren.

So kam Paul an die Académie Suisse, wo er auf Kollegen wie Claude Monet, Camille Pissarro und Pierre-Auguste Renoir traf. Im Sommer 1865, als er sein Studium schließlich beendete, veröffentlichte Émile Zola seinen ersten Roman, den er seinen beiden Jugendfreunden Paul und Jean-Baptiste widmete. Émiles Karriere entwickelte sich von nun an steil nach oben, während Paul ein mittelloser Bohemien blieb.

Als Émile schließlich einen Roman veröffentlichte, in dem er von einem gescheiterten Maler erzählte, der am Ende aus Verzweiflung über seinen ausbleibenden Erfolg Selbstmord beging, und dieser Figur die eines erfolgreichen Schriftstellers zur Seite stellte (»l'œuvre«), reagierte Paul mit Empörung. Er brach 1886 mit seinem Jugendfreund Émile Zola, und zwar für immer.

Während der nächsten beiden Jahrzehnte sollte Pauls Lebensmittelpunkt wieder in Aix-en-Provence liegen. Hier verbesserten sich seine Lebensumstände deutlich, denn er kam durch das väterliche Erbe zu Geld. Außerdem stellten sich für ihn endlich die ersehnten Erfolge als Maler ein. Und eine passendere Kulisse als Aix-en-Provence gab es für einen französischen Künstler damals wohl kaum.

Schon im 15. Jahrhundert hatte sich der in Aix residierende »Gute König René« als Förderer der schönen Künste hervorgetan. Er holte Maler und Architekten in die Stadt, ließ Festspiele und Ritterturniere veranstalten. Und obwohl im 16. Jahrhundert eine in ihrem Ausmaß erschreckende Pestepidemie in Aix grassierte, erholte sich die Stadt schnell von den Rückschlägen. Im 17. und 18. Jahrhundert galt sie als das Festivalzentrum der Provence. Prachtvolle Barockbauten entstanden in dieser Zeit. Erst mit dem Aufstieg Marseilles verlor Aix-en-Provence im 19. Jahrhundert allmählich an Bedeutung.

Doch ab 1948 besann sich die Stadt wieder der alten Traditionen. Seit diesem Jahr gibt es das Musikfestival d'Aix-en-Provence, eines der großen Festspiele von Europa, das alljährlich im Sommer mit grandiosen Freilichtaufführungen vor dem ehemaligen erzbischöflichen Palast für Furore sorgt.

Eine ausgezeichnete Bibliothek, die Universität, zahlreiche Museen, die Ausgrabungsstätte einer antiken Ligurersiedlung, Prachtstraßen und gemütliche Altstadtviertel, Szenebars und Diskotheken tragen dazu bei, dass Aix-en-Provence heute als eine der Städte mit der höchsten Lebensqualität in ganz Frankreich gilt. Und noch immer ist sie ein Hauptanziehungspunkt für Künstler und Kulturschaffende.

Émile Zola jedoch kehrte nicht in die Stadt seiner Kindheit und Jugend zurück. Er blieb – von regelmäßigen Sommerferien in der Provence abgesehen – in Paris, wo er zu Beginn der Heizperiode im Herbst 1902 an einer Kohlenmonoxidvergiftung starb. Als Paul Cézanne davon erfuhr, zeigte er sich trotz der Entfremdung von seinem alten Freund tief erschüttert. Er fiel in Depressionen, von denen er sich bis zum Ende seines Lebens im Oktober 1906 nicht mehr erholte.

Jean-Baptiste Bailles Leben als Wissenschaftler verlief wesentlich unspektakulärer als das seiner beiden Kindheitsfreunde, auch wenn er ein Buch über die Elektrizität veröffentlichte und sich gemeinsam mit seinem Kollegen Cornu um die Berechnung der mittleren Erddichte verdient machte. Er starb 1918 im Alter von 77 Jahren in Paris.

Calissons d'Aix – ein Konfekt aus Aix-en-Provence

Zutaten:

100 g Mandelpulver (ersatzweise fein gemahlene Mandeln, Mandelpulver ist allerdings vorzuziehen, da es weniger Öl enthält),
200 g Puderzucker
80 g kandierte Melonen
20 g Orangeat
10 g Zitronat
1 Tl Orangenblütenwasser
1 Tropfen Bittermandelöl
1 Eiweiß
1 Tl Zitronensaft
1 Packung Oblaten

Zubereitung:

Melonen, Orangeat und Zitronat einfrieren und in gefrorenem Zustand mit dem Pürierstab zerkleinern. Durch das Einfrieren werden die Früchte erst nach dem Pürieren klebrig, bei Zimmertemperatur würden sie den Mixer beschädigen.

Nun das Mandelpulver, 75 g Puderzucker, Orangenblütenwasser und Bittermandel hinzugeben und die ganze Masse pürieren. Die Masse auf den Oblaten verteilen und jeweils etwa 1 cm dick darauf ausrollen. Eine Stunde mit einem Tuch abgedeckt ruhen lassen.

Nun umdrehen und mit der Oblatenseite nach oben kleine Calissons in der typischen Blatt- oder Ellipsenform ausstechen. Hierzu einen passenden Ausstecher verwenden oder ein sehr scharfes Messer. Das Werkzeug zwischendurch immer wieder in kaltes Wasser tauchen, da die Calissonmasse klebrig ist.

Aus dem restlichen Puderzucker, dem Eiweiß und dem Zitronensaft eine dickflüssige Glasur anrühren, die Calissons an der Oberseite damit bepinseln und trocknen lassen. In einer gut verschlossenen Dose aufbewahren.

Auf dem Weg in die Zukunft – ITER

»Iter« ist lateinisch und heißt »Weg«. Ein solcher wird eingeschlagen, wenn ein bestimmtes Ziel erreicht werden soll, und für das Projekt »ITER« stellt dieses Ziel nichts Geringeres als die Zukunft dar. Es sei das größte Wissenschaftsprojekt seit der Internationalen Raumstation, meinte der damalige französische Staatspräsident Jacques Chirac bei Unterzeichnung des Vertrags zwischen den sieben an ITER beteiligten Partnern im Jahr 2006 vollmundig. Diese sieben Partner sind die EU, die in diesem Fall auch für die Schweiz und Großbritannien zeichnet, die USA, Russland, China, Südkorea, Japan und Indien. Wer oder was ist ITER?

Wer über die provenzalische Landschaft fliegt, entdeckt etwa 35 Kilometer nordöstlich von Aix-en-Provence eine Ansammlung von etwa 450 Zweckgebäuden, die sich wie penetrante Fremdkörper in die liebliche Landschaft gepflanzt zu haben scheinen. Es handelt sich um Cadarache, das große Kernforschungszentrum bei Saint-Paul-lès-Durance. 5.000 Menschen sind hier damit beschäftigt, rund um die Einsatzmöglichkeiten der Kernenergie zu forschen und dabei neue Vorgehensweisen zu entwickeln. Denn die Kernenergie ist für unsere französischen Nachbarn nach wie vor das energiepolitische Konzept Nummer eins. Zwanzig verschiedene Nuklearanlagen sind in Cadarache im Einsatz, darunter mehrere Forschungsreaktoren. Schnelle Brüter und andere Kernspaltungsreaktoren sind in Betrieb, außerdem der Fusionsreaktor Tore Supra.

Bei genauem Hinsehen kann daneben noch eine gigantische Baustelle entdeckt werden. Denn seit 2007 ist ein neues Projekt wahrhaft epochalen Ausmaßes hinzugekommen: ITER. Das Ziel von ITER ist nichts Geringeres, als – einfach ausgedrückt – die Kraft der Sonne auf die Erde zu holen und wirtschaftlich nutzbar zu machen. Sollte die Technik, die im Rahmen von ITER entwickelt wird, eines Tages funktionieren, könnte sie nämlich die Energieprobleme unserer Welt ein für alle Mal lösen. Die Abkürzung ITER steht für »International Thermonuclear Experimental Reactor« – internationalen thermonuklearen Versuchsreaktor.

Es herrschte ein ziemliches Gerangel im Vorfeld des Baubeginns. Denn ein derartiges Projekt wird nicht einfach so aus dem Ärmel geschüttelt. Entsprechend lang ist der Zeitraum, der zwischen dem Gedanken und der Fertigstellung liegt.

Die Idee zu ITER hatte Michael Gorbatschow, und das ist schon sehr lange her. Es war Mitte der Achtzigerjahre, als Gorbatschow sich sehr darum bemühte, den Wind der Veränderung in die Zeit des kalten Krieges einströmen zu lassen. In den USA regierte damals ein konservativer früherer Schauspieler, Ronald Reagan. Der adaptierte vorzugsweise die in zahlreichen Wild-West-Filmen erlernten Verhaltensmuster auf das internationale Verhältnis zu den politischen Gegnern im Warschauer Pakt. Es war keine einfache Zeit.

Doch Gorbatschow zeigte sich als großer Visionär. Als er eines Tages im Jahr 1985 mit Reagan und dem damaligen französischen Kollegen François Mitterrand beisammensaß, erzählte er den beiden von seiner Idee einer Kooperation im Bereich der Kernfusionsforschung. Es bestünde doch die Möglichkeit des gemeinsamen Baus eines Reaktors nach dem Konstruktionsprinzip, das der russische Physiker Andrej Sacharow in den Fünfzigerjahren erdacht hatte, so führte Gorbatschow aus. Es gelang ihm, seine Gesprächspartner dafür zu begeistern. Letztendlich bot sich eine Zusammenarbeit auch in finanzieller Hinsicht an, denn die exorbitanten Kosten für ein Projekt solchen Ausmaßes sind für einen Staat allein schwerlich zu stemmen.

Schon drei Jahre später hatten sie sich so weit geeinigt, dass das deutsche Max-Planck-Institut für Plasmaphysik mit der Erstellung eines ersten Entwurfs beauftragt werden konnte. Dieser Vorentwurf war 1990 fertig, und 1998 lag ein vollständiger Entwurf mit allen nötigen Eckdaten auf dem Tisch. Mittlerweile hatten sich auch noch einige weitere Partner für das Projekt zusammengefunden. Neben Russland und den USA schloss sich die Europäische Atomgemeinschaft EURATOM dem Vorhaben an, das ist eine neben der EU bestehende internationale Organisation europäischer Staaten. Zusätzlich kam außer den oben bereits genannten Ländern auch noch Kanada mit ins Boot.

So saßen nun eine ganze Reihe von Staatsbeamteten am runden Tisch und begannen, um den Standort zu feilschen. Manche zierten sich, denn nicht überall sind Projekte gerne gesehen, die etwas mit Kernenergie zu tun haben. Deshalb zog Gerhard Schröder die Zusage Helmut Kohls um eine Standortbewerbung Deutschlands denn auch 2003 wieder zurück.

Neben Frankreich zeigten noch Spanien, Japan und Kanada gesteigertes Interesse an dem Bauvorhaben. Es gab ein diplomatisches Geschacher, in dessen Verlauf Japan einige Sonderkonditionen für den Fall seiner Zustimmung zu einem europäischen Standort eingeräumt wurden. Beispielsweise wurde den Japanern ein Anteil von mindestens zehn Prozent an den Bauaufträgen sowie die Förderung seiner landeseigenen Forschung aus Mitteln der EURATOM zugesichert. Auch aus außenpolitischen Aspekten stimmte Japan schließlich

2005 dem Standort Cadarache zu. Kanada zog sich gekränkt aus dem Projekt zurück.

Nun mussten die Mühlen der internationalen Bürokratie erst einmal die Finanzierung regeln. Die Ausarbeitung des Vertragswerks dauerte bis November 2006. Im Jahr darauf wurden die ersten Vorbereitungen für den Baubeginn in Angriff genommen. 2012 war es immerhin schon so weit, dass das Fundament gegossen werden konnte. Doch wie überall lief natürlich auch hier nicht alles so ab, wie ursprünglich geplant. Tatsächlich wird inoffiziell geraunt, dass für jedes veranschlagte Baujahr mit einem Jahr Verzögerung zu rechnen sei, wobei die Kosten auf der anderen Seite wohl explodieren dürften. Die Berichte über den Fortgang und das Management werden vorsichtshalber unter Verschluss gehalten. Schuld an der Misere seien die sieben beteiligten Partner, heißt es, weil jeder offensichtlich deutlich mehr Wert darauf lege, der heimischen Industrie Aufträge zuzuschustern, statt pünktlich das für den Bau benötigte Geld zu überweisen.

Die ursprüngliche Absicht, schon 2016 den Betrieb aufzunehmen und in einem Kostenrahmen von fünf Milliarden Euro zu bleiben, wurde deshalb schon nach kurzer Zeit wieder fallengelassen. Schnell war von Kosten in Höhe von fünfzehn Milliarden Euro die Rede, und der neu anberaumte Termin für den Start musste von 2020 auf 2025 vertagt werden. Bald hieß es, dass weitere 4,6 Milliarden Euro fällig würden und die Betriebsaufnahme wohl erst im Jahr 2028 realistisch sei. Dann kam auch noch die Corona-Pandemie dazwischen, die für weitere Verzögerungen sorgte. Vor 2030 wird es wohl nicht so weit sein, vermutlich zündet ITER sogar erst 2035. Aber was wird das überhaupt bedeuten?

Zunächst soll ITER in einem mehrjährigen Testbetrieb mit normalem Wasserstoff arbeiten, ohne dass es zu Fusionsreaktionen kommt. Im Anschluss daran soll es dann bei Experimenten mit den Wasserstoffisotopen Deuterium und Tritium ernst werden. Bei der Kernfusion schmelzen zwei Atomkerne zusammen. Das liegt ihnen aber eigentlich fern, normalerweise stoßen sie einander ab wie zwei gleiche magnetische Pole. Erst wenn es gelingt, sie extrem nah zusammenzubringen, verschmelzen sie zu einem größeren Kern und geben dabei Energie frei.

Um das zu erreichen, sollen die Atome durch starke Erhitzung ionisiert werden und auf diese Art Plasma bilden. Mithilfe eines Magnetfelds wird das Plasma dann enorm zusammengepresst. Durch ständige Änderungen des Magnetfelds entsteht schließlich Strom wie bei einem Transformator. Dadurch wird ein weiteres Magnetfeld erzeugt. Die gegenseitige Reaktion der beiden Magnetfelder aufeinander bewirkt, dass sich Hitze und Druck weiter potenzieren und noch stärker auf das Plasma einwirken. Irgendwann zündet schließlich die Fusion der Atome. Dieser Prozess soll bei ITER zunächst nur für die Dauer von bis zu einer Stunde ablaufen.

Bei unserer Sonne funktioniert es jedenfalls. Hier verschmelzen durch Kernfusion die leichten Wasserstoffisotope zu schwererem Helium. Ein Gramm Wasserstoff heizt dabei mit dem gleichen Resultat wie acht Tonnen Erdöl. Die Energiebilanz fällt entsprechend verheißungsvoll aus.

Doch ist es nicht so einfach, die Sonne auf unsere Erde zu holen. Wirtschaftlich arbeitende Reaktoren müssten eine enorme Größe haben, um ausreichenden Raum für die Fusionsvorgänge zu bieten. Und zudem ist das verwendete Tritium kein Spielzeug. Es ist hoch radioaktiv und äußerst schwer beherrschbar, denn es durchdringt sogar Wände ohne Probleme. Wird es im Reaktor hinter Metallwänden verschlossen, so durchschlägt es mit der Zeit diese Wände und lässt dabei radioaktive Atome entstehen. Nach spätestens zwei Jahren sind die Metallwände deshalb durch und durch radioaktiv verseucht und müssen ausgetauscht werden. Der einzige Vorteil gegenüber herkömmlichen Atomreaktionen ist, dass dieser Atommüll nur eine Halbwertzeit von 30 bis 50 Jahren hat.

Die Energieerzeugung durch Kernschmelze kann also nicht als einfach und ungefährlich bezeichnet werden. Nach den erschütternden Erfahrungen mit der Nuklearkatastrophe von Fukushima sind zudem Zweifel daran aufgekommen, ob der Standort für die Testanlage der neuen Technologie wirklich wohlüberlegt gewählt wurde. Cadarache ist nämlich von geologischen Falten geradezu umzingelt. Etwa alle 100 Jahre muss in dieser Gegend mit schweren Erdbeben gerechnet werden. Das letzte ereignete sich 1909, es erreichte eine Stärke von 6,2 auf der Richterskala und forderte 49 Menschenleben. Wie überall im Mittelmeerraum sorgt auch in der Provence das Aufeinandertreffen von Eurasischer und Afrikanischer Kontinentalplatte für Unruhe im Untergrund. Eine EU-Studie weist die Provence deshalb als potenziell aktive Erdbebenzone aus.

Ist es also gar nicht so schlecht, wenn die internationale Bürokratie die Fertigstellung des Projekts noch weiter hinauszögert und vorerst nur die Kosten explodieren?

Der Betrieb der bestehenden herkömmlichen Atomreaktoren in Cadarache ist leider wesentlich risikoreicher als ITER. Käme es durch ein Erdbeben zu einem GAU, so würde hochgefährliches radioaktives Material austreten. Die Kernfusion dagegen funktioniert nicht mehr, sobald das Kraftwerk beschädigt wird. Wenn nämlich Druck und Temperatur durch einen Defekt nicht mehr aufrechterhalten werden können, kühlt das Plasma extrem schnell ab. Der Prozess der Kernschmelze stoppt augenblicklich. Dann ist der Ofen einfach aus.

Les crevettes à Pernod – Garnelen in Pernod

Zutaten für 4 Personen:

24 Garnelen (ohne Darm Kopf und Schale)
120 g Butter (Zimmertemperatur)
2 gelbe Paprika
100 g Paniermehl
2 Knoblauchzehen
2 Tl Zitronensaft
3 cl Pernod
Salz, Pfeffer

Zubereitung:

Die Knoblauchzehen schälen und fein hacken. Die Paprika halbieren, putzen und in kleine Würfel schneiden. In einer Schale die Butter mit Knoblauch, Paprika und 1 Tl Zitronensaft vermischen, salzen und pfeffern.

Die Garnelen in eine Auflaufform legen und etwas salzen. Die Buttermasse auf den Garnelen verteilen und mit dem Pernod begießen. Anschließend den restlichen Zitronensaft darüberträufeln und das Paniermehl darüberstreuen.

Die Grillfunktion des Backofens einschalten und die Garnelen bei großer Hitze 8–10 Minuten lang goldbraun backen.

Mit frischem Baguette und grünem Salat servieren.

Der schreiende Baum – vom Lied der Zikaden

Nach einer langen Autofahrt erreichten wir endlich die Provence. Wir verließen den Staub der Autobahn, um das letzte Stück des Wegs auf der Landstraße zurückzulegen. Es war Sommer, die Provence empfing uns mit ihrem grandiosen Licht und der von uns so sehnsuchtsvoll erwarteten Wärme. Ich ließ das Fenster hinunter, um einen duftigen Lufthauch ins Auto zu lassen. Eine Zeitlang fuhren wir entspannt und unbeschwert vor uns hin. Da ertönte mit einem Mal ein höllischer Lärm. Der ging von einem Baum aus, dem wir uns näherten, schwoll zu ohrenbetäubender Lautstärke an und verklang allmählich wieder, als wir den Baum passiert hatten. Ein klarer Fall. Wir waren auf eine uns bisher unbekannte botanische Besonderheit der Provence gestoßen: schreiende Bäume!

Doch das stimmte natürlich nicht ganz. Die für uns so ungewöhnlichen Geräusche sind charakteristisch für das sommerliche Lebensgefühl mediterraner Länder. Nirgends aber sind ihre Verursacher so in die Volkskultur eingedrungen und haben einen solch ausgeprägten Symbolcharakter angenommen wie in der Provence, und vielleicht erklingen ihre schnarrenden Lieder auch sonst nirgendwo so durchdringend wie hier: die Zikaden.

Es gibt weltweit etwa 40.000 Arten dieser unscheinbaren Insekten, und 4.000 davon sind sogenannte Singzikaden, von denen 60 Varianten im Mittelmeerraum leben. Nur die Singzikaden vermögen es, die typischen Geräusche zu verursachen, wobei die Bezeichnung »Gesang« hierfür etwas euphemistisch anmutet. Für die einen ist der Gesang der Zikaden ein Synonym für Sommer, Leichtigkeit und Lebensfreude, für die anderen einfach nur ein äußerst lästiges Störgeräusch, besonders während der Nachtstunden.

Es sind nur die männlichen Tiere, die mittels einer Art von Trommelorgan, das in ihrem Hinterleib sitzt, Geräusche produzieren. Diese Trommel besteht aus einer elastischen Platte, die von einem Muskel in Schwingungen versetzt wird und dabei Laute erzeugt. Und zwar rasend schnell, die Trommelmembran vibriert etwa 500 Mal pro Sekunde. Besonders talentierte Vertreter der Spezies erreichen dabei bis zu 107 Dezibel, das liegt im Bereich eines Symphoniekonzerts oder, um einen weniger melodischen Vergleich zu wählen, einer Kreissäge. Diese Radaumacher hört man Hunderte von Metern weit.

Die ganze Mühe machen sich die Tiere nur, um Weibchen anzulocken und dabei gleichzeitig ihr Revier abzustecken. Vielleicht sind Zikadenweibchen nicht leicht zu beeindrucken, vielleicht spielen noch andere Faktoren eine Rolle, Tatsache ist jedenfalls, dass das Hard-Rock-Konzert der Zikaden stundenlang fortdauert, womöglich sogar die ganze Nacht. Einzige Voraussetzung ist, dass die Temperatur mindestens 25°C im Schatten beträgt. Und dass die Tiere ihre Ruhe haben. Sie reagieren äußerst kapriziös auf Störungen jeglicher Art. Die kleinste Veränderung in der Umgebung bringt sie sofort zum Schweigen, sei es ein Vogel, ein Schatten oder nur ein Windhauch. Es ist also aussichtslos, sich anzuschleichen, um die Musikanten bei ihrer Tätigkeit zu beobachten, sie verstummen umgehend.

Und es ist auch gar nicht so leicht, sie auf den Baumrinden überhaupt zu entdecken. Zwar haben die meisten Zikaden komplizierte und auffällige Muster, doch passen sie sich damit so perfekt ihrer Umgebung an, dass sie kaum auszumachen sind. Sie haben sehr kontrastreiche Zeichnungen, sodass ihr Körperumriss sich aufzulösen scheint. Fast wirken sie wie Geister, und das mag der Grund dafür sein, dass sie in der Vorstellungswelt der alten Griechen als entkörperte Seelen betrachtet wurden, die sich von physischen Zwängen befreit haben und in eine höhere Erkenntnisebene eingetreten sind.

Ist es endlich zur Paarung gekommen, legt das Zikadenweibchen seine Eier im Gehölz ab. Nach ein paar Wochen schlüpfen die Larven, machen sich auf den Weg nach unten und graben sich bis zu drei Meter tief in den Boden ein. Hier bleiben sie in der Regel zwei bis fünf Jahre lang, um dann, ohne sich zuvor verpuppt zu haben, zur Zikade zu mutieren.

Es gibt sogar Arten, die dreizehn oder siebzehn Jahre lang im Boden bleiben. Das sind Primzahlen, und die Ursache für diesen merkwürdigen Rhythmus sind die Fressfeinde der Spezies, die sich im zweijährigen Turnus vermehren. Der dreizehn- beziehungsweise siebzehnjährige Modus sichert der betreffenden Zikadenart das Überleben.

Die Zikaden ernähren sich von zuckerreichem Pflanzensaft, den sie mithilfe eines Rüssels aus bestimmten Gehölzen und krautigen Pflanzenstielen absaugen. Dabei nehmen sie deutlich mehr Zucker auf, als sie verwerten können. Den überschüssigen Zucker scheiden sie als sogenannten »Honigtau« wieder aus, wovon wiederum andere Insekten – wie zum Beispiel Ameisen – profitieren.

Zikaden können laufen und springen, große Flieger sind sie hingegen nicht. Sie nutzen ihre Flügel nur, um sich passiv vom Wind verdriften zu lassen.

Es geschah gegen Ende des 19. Jahrhunderts, dass ein provenzalischer Töpfer den Auftrag erhielt, ein Geschenk zu kreieren, das an die Provence erinnern sollte. Der Mann grübelte nicht lange darüber, sondern entschloss sich spontan, eine Zikade aus Steingut zu erschaffen. Sie saß auf einem Olivenzweig, war grau und hatte blaue Augen. Wer sie sah, reagierte entzückt. Darauf konnte es nur eine Antwort geben: Es mussten mehr davon geschaffen werden. Der Töpfer stieg in die Massenproduktion ein, als Briefbeschwerer gingen seine Kreationen in die ganze Welt. Andere provenzalische Töpfereien schlossen sich dem Trend an, die Farbpalette wurde bunt und lustig, und die Zikade entwickelte sich zum charakteristischen Souvenir der Provence.

Der provenzalische Volksdichter Frédéric Mistral, der 1904 mit dem Nobelpreis für Literatur ausgezeichnet wurde, erhob die Zikade gar zum Symboltier seiner Heimat. Traditionsbewusste Haushalte schmücken ihre Eingangstür mit einer Zikade, die Tierchen finden sich auf Gasthausschildern, Geschirr und Vasen, als Stoffmuster oder als Schmuck und Fayencen. Es gibt Musikinstrumente, die den Zikadengesang nachahmen, in manchen Musikstücken klingt dieser an, um die beschwingte Leichtigkeit des Sommers widerzuspiegeln.

Doch mit dem Sommer stirbt auch die Zikade. Ihr Dasein als Rockstar dauert nur einen Sommer lang.

Gigot d'agneau en croûte de sel – Lammkeule in der Salzkruste

Zutaten für 4 Personen:

1 Lammkeule (ca. 1 ½ kg)
3 Möhren
2 Stangen Staudensellerie
4 Knoblauchzehen
3 Zwiebeln
2 Kartoffeln
6 Zweige Rosmarin
1 Handvoll Lavendelblüten
5 Lorbeerblätter
500 ml Lammfond
250 ml Weißwein
20 dünne Scheiben Grüner Speck
1 El Speisestärke
4 Eiweiße
3 kg grobes Meersalz
Olivenöl
Kreuzkümmel
Pfeffer
Salz

Zubereitung:

Am Vortag 2 Knoblauchzehen zusammen mit 6 El Olivenöl im Mörser zu Brei zerquetschen. Die Hälfte der Lavendelblüten sowie die Nadeln von 3 Rosmarinzweigen fein hacken, dazugeben und mitmahlen. Die Keule mit der Ölpaste einreiben, in eine Schüssel legen und mit Klarsichtfolie abdecken. Über Nacht in den Kühlschrank stellen.

Am Folgetag Möhren und Selleriestangen putzen und würfeln. Zwiebeln und restlichen Knoblauch hacken, die Kartoffeln schälen und in kaltes Wasser legen.

In einem Bräter 4 El Olivenöl erhitzen und die Keule darin bei mittlerer Hitze 10 Minuten lang ringsum anbraten. Dann Möhren, Zwiebeln, Sellerie und Knoblauch dazugeben und 5 Minuten weiterbraten. Mit dem Wein ablöschen, mit Kreuzkümmel und Pfeffer würzen und den Wein um zwei Drittel einreduzieren lassen. Mit dem Fond und 500 ml Wasser auffüllen, aufkochen und bei geringer Hitze 45 Minuten köcheln lassen. Nach der Hälfte der Zeit die Kartoffeln mit einer Reibe dazuraspeln.

Nach Ende der Kochzeit die Keule herausnehmen und beiseitestellen. Anschließend die Sauce durch ein feines Sieb gießen, erneut aufkochen und auf ca. 250 ml einreduzieren. Die Speisestärke mit etwas kaltem Wasser verrühren und die Sauce damit andicken. Salzen und 3 Minuten lang köcheln lassen, dann beiseitestellen.

Die Keule mit Salz und Pfeffer würzen. In einer Pfanne 4 El Olivenöl erhitzen und die Keule erneut bei mittlerer Hitze etwa 3 Minuten braten, danach etwas abkühlen lassen.

Das Meersalz mit den Eiweißen und 4 El Wasser vermischen. In einer ofenfesten Form ein Drittel der Salzmischung verteilen. Die Keule mit dem Speck komplett umwickeln und auf das Salzbett legen. Den restlichen Lavendel, die restlichen Rosmarinnadeln und die Lorbeerblätter darauf verteilen und gut andrücken. Die restliche Salzmasse darübergeben und rings um die Keule gut andrücken, sodass das Fleisch vollständig bedeckt ist.

Den Backofen auf 180°C vorheizen und die Form mit der Keule für 2 Stunden auf der untersten Schiene hineinstellen, keinesfalls Umluft einschalten.

Kurz vor Ende der Garzeit die Sauce erwärmen. Die Form aus dem Ofen nehmen und die Salzkruste vorsichtig aufbrechen. Die Keule herausnehmen, Kräuter, Salz und Speck entfernen. Anschließend das Fleisch von den Knochen lösen und mit der Sauce servieren.

Dazu passen mediterrane Gemüse, Rosmarinkartoffeln und Baguette.

Summer of Seventy-One – Exile on Côte d'Azur

Das Jahr 1971 begann nicht gut für die Musiker der Band. Ihr Vertrag mit Decca Records war ausgelaufen, und Decca besaß die alleinigen Rechte an allen bisher veröffentlichten Stücken. Das bedeutete im Klartext, ohne neue Songs würde es keine Einnahmen mehr geben. Und als wenn das nicht schlimm genug gewesen wäre, wurde die Situation auch noch durch die britische Steuergesetzgebung verschärft. Die Finanzbehörden hatten erklärt, dass sie satte 90 Prozent von den erzielten Gagen und Tantiemen kassieren wollten – und zwar rückwirkend. Das traf alle Stars der britischen Szene hart, es blieb nur, sich ins Ausland abzusetzen. David Bowie ging in die Schweiz, John Lennon nach New York. Bei beiden flossen wenigstens die Einnahmen weiter. Aber nicht so bei den Rolling Stones.

Dabei hatten Mick Jagger, Keith Richards und ihre Mitstreiter nach den grandiosen Erfolgen in den Sechzigerjahren große Pläne. Sie wollten auf Amerikatour gehen, aber wie sollte daraus etwas werden, so ganz ohne Songs? Der Druck war unglaublich. Kein Geld, keine neuen Stücke und die Steuerbehörde im Nacken. Keith hatte gerade einen Heroinentzug hinter sich, er fühlte sich ausgebrannt. Was tut man in einer so verzweifelten Situation?

Wenn wir schon untergehen müssen, dann wenigstens glanzvoll, sagte sich Keith Richards und mietete ein Haus an der Côte d'Azur: die Villa Nellcôte in Villefranche-sur-Mer. Der Prachtbau aus dem 19. Jahrhundert lag verborgen hinter Zypressen und Palmen, die säulengerahmte Terrasse gab einen herrlichen Blick auf die Bucht von Villefranche frei. Die Empfangssäle im Parterre des Anwesens waren 20 Meter hoch, opulente Kamine, Stuckaturen und Kronleuchter zierten die Räumlichkeiten, Marmortreppen und Flügeltüren führten in die Zimmerfluchten der ersten Etage. »Nice«, bemerkte Keith Richards knapp, als er das Haus zum ersten Mal betrat. Er war de facto bankrott, die Wochenmiete betrug 2.400 Dollar. Was soll's?

Keith Richards bezog mit seiner damaligen Freundin Anita Pallenberg und deren kleinem Sohn Marlon die Obergeschosse der Villa, in der sich für die Dauer eines Sommers eine exzentrische Gemeinschaft zusammenfand. Musiker und deren Freundinnen, Angestellte, Freunde, Trittbrettfahrer, Groupies und die Hausdealer bildeten den Hofstaat von Keith Richards. Die Bilder von halbnackten jungen Menschen, die im lichten Schatten hoher Bäume vor der hochherrschaftlichen Säulenkulisse der Villa herumlungerten, umgeben von Gitarren, Flaschen, leer gegessenen Tellern und Joints, erzählen von der benommenen Trägheit jener Sommertage. Sie erzählen auch von der Suche nach einem Ausweg aus der öden Bequemlichkeit und Dekadenz, dem Streben nach etwas Einzigartigem und Wahrhaftigem, das zu erschaffen die Stones sich als Ziel gesetzt hatten.

Nach dem Ende des Vertrags mit Decca hatten sie ihr eigenes Label gegründet: Rolling Stones Records. Markenzeichen wurde die inzwischen legendäre rote Zunge. Nun fehlten bloß noch die Stücke.

Mick Jagger hatte sich derweil mit seiner Freundin Bianca in Saint-Tropez eingemietet, noch im gleichen Sommer heirateten die beiden dort. Gemeinsam setzten Mick und Keith nun alle Hebel in Bewegung, um in der Umgebung ihres südfranzösischen Exils ein Tonstudio zu finden, in dem sie ihr Projekt angreifen konnten. Doch die Suche blieb erfolglos. Da ließen sie kurzerhand ein mobiles Aufnahmestudio aus England herbeischaffen und verkabelten die düsteren und feuchten Kellerräume der Villa Nellcôte. Im dumpfen, schwülen Keller spielten sie während des Sommers 1971 mit wechselnder Besetzung ein neues Album ein: »Exile on Main St.«.

Der von Keith Richards dafür kreierte Song »Happy« geriet zu seinem Markenzeichen. Und das Album selbst gilt heute als eines der besten, dass die Stones je produziert haben. Dabei enthält es im Gegensatz zu den Vorgängeralben keinen einzigen expliziten Superhit. Es ist vielmehr die Konsistenz von Kraft und Groove, die sich durch das gesamte Album zieht, der Spiegel eines Sommers in Freiheit, Kreativität und einem paradiesischen Schwebezustand.

Es ist die Quintessenz der Sehnsucht nach ewiger Jugend, nach Liebe, nach der eigenen Identität und nach Glück. Und es ist die Quintessenz einer verwirrten Nachkriegsjugend, die danach strebt, der emotionalen Leere des behüteten Wohlstands ihrer Kinderzeit zu entkommen, und die sich auf die Sinnsuche begeben hat. Es ist ein Album, das Erweckungserlebnisse ausgelöst hat, und es wird mit Fug und Recht in einem Zug genannt mit Alben wie »Sergeant Pepper« von den Beatles und »Dark Side of the Moon« von Pink Floyd. »Exile on Main St.« gehört zu dieser ganz besonderen Art von Kompositionen, die zu einer schockartigen Erkenntnis führen können: dass es Musik gibt, die das eigene Lebensgefühl und die damit verbundenen großen Fragen auf wenige Minuten komprimiert. Es ist ein Geniestreich, entstanden in einem dunklen, feuchten Kellerloch an der Côte d'Azur.

Und es entstand wahrlich nicht unter einfachen Bedingungen. Aus Geldmangel zapften Mick, Keith und ihre Freunde ein Stromkabel an, das durch den Garten der Villa verlief, und versorgten ihr Equipment auf illegalem Weg mit Energie. Und nicht nur die so gewonnene elektrische Energie war prekär, auch die atmosphärische Energie innerhalb der Gemeinschaft entwickelte sich entsprechend.

Es herrschte nämlich eine geradezu bizarre und fast surreale Stimmung. Die jungen Menschen befanden sich im gemeinsamen Exil, wie auf einer Tournee gab es für alle Beteiligten keinerlei Privatsphäre auf dem Anwesen. Die Luft knisterte von den Spannungen, die sich unter ihnen aufbauten. Anita Pallenberg, die stets im knappen Leopardenbikini durch die Villa streichende Freundin von Keith Richards, duldete keine Konkurrentin neben sich und intrigierte gegen Bianca Jagger. Sie streute das Gerücht, Bianca sei eine Transsexuelle und habe sich vom Mann zur Frau umoperieren lassen. Mick Jagger blieb währenddessen tagelang verschwunden, weil er seinen Status im internationalen Jetset kultivieren wollte. Die Zeit schlich mit Tagen des Müßiggangs dahin, und auf der anderen Seite baute sich zunehmend der Druck auf, nun endlich produktiv zu werden.

Keith Richards als Songschreiber spürte diesen Zugzwang von allen Beteiligten am stärksten. Eine Zeit lang hielt er trotzdem allen Versuchungen stand, wenn man von Tequila, Koks und Marihuana einmal absieht, die ganz selbstverständlich zum Alltagsleben gehörten. Als schließlich doch Heroin in die Villa Nellcôte Einzug hielt, löste es eine Kettenreaktion aus. Anita Pallenberg brachte es schnell auf drei Injektionen am Tag. Der Tontechniker Andy Johns schloss sich ihr an. Und schließlich wurde auch Keith Richards schwach und verfiel der Droge erneut. Tagelang war er völlig benebelt.

Die Schuld an dieser Misere gab Andy Johns der dunklen Vergangenheit der Villa Nellcôte, ihren »weird vibes«, der »seltsamen Stimmung«. Denn in den frühen Vierzigerjahren war sie ein Quartier der Gestapo gewesen. Tatsächlich fanden die Rock 'n' Roller im Garten des Anwesens eine Kiste mit Morphiumspritzen, die mit Hakenkreuzen bedruckt waren.

Und nichtsdestotrotz gelang das ambitionierte Vorhaben irgendwie. Die Jungs trafen sich im Keller, tranken, klimperten auf ihren Instrumenten herum, spielten drauflos. Ohne Plan, ohne umrissenen Zeitablauf und ohne jede feste Linie entstand das geniale Album ganz wie von selbst.

Als der Sommer 1971 sich dem Ende zuneigte, kam schlagartig der Schlussstrich. In die Villa wurde eingebrochen, Instrumente verschwanden, ein Schlafzimmer ging in Flammen auf. Keith Richards wurde in eine mysteriöse Schießerei verwickelt. Als Höhepunkt dieser chaotischen Ereignisse stand die Polizei vor der Tür, um eine Drogenrazzia durchzuführen. Die merkwürdige Wohngemeinschaft brach tumultartig auseinander, ihre Mitglieder flohen in alle Windrichtungen. Die Rolling Stones trieb der Wind nach Los Angeles, wo sie ihr Album »Exile on Main St.« zu Ende brachten.

Keiner der damaligen Bewohner ist je wieder in die Villa Nellcôte zurückgekehrt. Viele von ihnen sind längst an ihrem Drogenkonsum zugrunde gegangen. Aber nicht so Keith Richards. Mehr als ein halbes Jahrhundert nach dem wilden Sommer von Seventy-One rockte er noch immer zusammen mit Mick Jagger auf den großen Bühnen der Welt.

Loup de mer provençale – Seewolf nach provenzalischer Art

Zutaten für vier Personen:

600 g küchenfertiges Seewolffilet
400 g Kartoffeln
1 rote Paprikaschote
1 gelbe Paprikaschote
3 Knoblauchzehen
2 kleine Zucchini
6 Tomaten
80 g schwarze Oliven (entsteint)
Saft von 1 Zitrone
2 Zweige Rosmarin
Kräuter der Provence
Olivenöl, Salz, Pfeffer

Zubereitung:

Die Kartoffeln schälen und in dünne Scheiben schneiden. Anschließend in siedendem Salzwasser 5 Minuten lang kochen, danach abtropfen. Paprika und Zucchini putzen und in feine Streifen schneiden. Die Tomaten waschen, den Stielansatz entfernen und die Tomaten achteln. Den Knoblauch schälen und in dünne Scheibchen schneiden. Die Rosmarinnadeln von den Zweigen lösen. Den Fisch in 8 Stücke zerteilen.

Nun 4 Bögen Alufolie auf die Arbeitsplatte legen. Auf die Mitte von jedem zunächst einige Kartoffelscheiben, dann Zucchinischeiben, 2 Stücke Fischfilet, Knoblauch, Paprika, Tomaten und Oliven schichten. Zum Schluss mit Pfeffer, Salz und Kräutern der Provence würzen, die Rosmarinnadeln darüberstreuen und jeweils mit 3 El Olivenöl und Zitronensaft beträufeln.

Die Päckchen über der Füllung verschließen und die Öffnung gut zusammendrehen. Auf dem Grill bei mittlerer Hitze oder im vorgeheizten Backofen bei 180°C etwa 20 Minuten backen.

Mit Baguette servieren.

Explosion der Farben – Künstler im Licht der Provence

Kaum eine Region dieser Welt zieht Künstler so magisch an wie die Provence. Überall klingen hier große Namen an. Von van Gogh und Paul Cézanne haben wir in diesem Buch schon gehört, doch auch Maler wie Paul Gauguin, Pablo Picasso, Henri Matisse, Pierre-Auguste Renoir oder Marc Chagall gaben sich in der Provence ein Stelldichein. Welcher geheimnisvolle Bann ist es, der so viele kreative Menschen in diese Landschaft lockte?

Ihnen allen gemeinsam ist, dass sie zu einer Zeit malten, in der sich die Kunst weg vom oft strengen, statischen Stil vergangener Jahrhunderte hin zum Spiel mit Licht und Farben entwickelte. Und an kaum einem anderen Ort ist das Licht so grandios wie in der Provence. Es ist unglaublich intensiv, und doch ist es dabei auch weich. Mit den Tageszeiten zaubert es fantastische Stimmungen in die bildschöne Landschaft: Morgens ist es sanft und cremig wie ein sahniges Dessert, in den Mittagsstunden grell wie ein Feuerwerk und am Abend glänzt es, als läge ein pastellfarbenes Seidentuch über dem Land. Paul Cézanne malte allein das Kalksandsteingebirge des Sainte-Victoire gleich hundertfach, und jedes Mal erscheint es in völlig anderem Licht.

Der Schöpfer dieses fantastischen Lichts ist der Mistral. Mit seiner trockenen Kälte weht er allen störenden Dunst davon und hinterlässt tiefblauen Himmel bei glasklarer Fernsicht. Alle Farben leuchten dann viel intensiver und verzaubern Landschaft und Bäume, Gärten und Blumen, Gebäude, Menschen und Tiere mit ihrem durchdringenden Strahlen.

Deshalb ist es nicht verwunderlich, dass gerade die Impressionisten hier Inspirationen für ihre stimmungsvollen Momentaufnahmen sammelten. Pierre-Auguste Renoir ließ sich in Cagnes-sur-Mer bei Nizza nieder und verbrachte seinen Lebensabend in einem Landhaus mit großem Garten. Dort malte er unaufhörlich, selbst als er längst von Krankheit gebeugt im Rollstuhl saß. Wie besessen ließ er sich zuletzt den Pinsel an die Hand binden, weil er nicht mehr dazu im Stande war, ihn selbst zu halten. Sein Haus blieb bis zum heutigen Tag unverändert und ist nun ein Renoir-Museum, in dem Besucher neben seinem selbstgeschaffenen Refugium auch einen kleinen Teil seiner Arbeiten besichtigen können.

Der mittelalterliche Weiler Saint-Paul-de-Vence im Hinterland der Côte d'Azur entwickelte sich gleich vollständig zum Künstlerort. Die treibende Kraft dafür ging von Marc Chagall aus, der sich 1966 hier ansiedelte und bis zu seinem Tod im Jahr 1985 blieb. Ihm folgten zahlreiche Künstler und Kunsthandwerker, die dem kleinen Ort ein intensives kreatives Leben einhauchten. Marc Chagall vermachte dem Dorf auch einige seiner Werke. Den Giebel der Gemeindeschule schmückt ein nach seiner Vorlage geschaffenes Mosaik. Die gestifteten Gemälde befinden sich in der Fondation Maeght, einem hochmodernen Kunstmuseum mit prägnanter Architektur, die im krassen Gegensatz zu den alten Häusern des romantischen Weilers steht. Der Künstler selbst wurde auf dem kleinen Friedhof des Ortes bestattet.

Ganz in der Nähe liegt noch eine weitere Kleinstadt, der ein großer Künstler zu Berühmtheit verhalf: Vallauris. Zwar genoss der Ort bereits seit dem 16. Jahrhundert Ruhm für seine Keramiken, doch der richtige Aufschwung setzte erst ein, nachdem Pablo Picasso den Ort 1948 entdeckte und sich für ein paar Jahre dort ansiedelte. Er ließ sich von heimischen Töpfern in die Kunst der Keramikmalerei einweisen, experimentierte selbst damit und beeinflusste dadurch auch die traditionellen Keramikarbeiten maßgeblich. In seinem Atelier schuf er zahlreiche Skulpturen und Gemälde. Das hier entstandene berühmte Werk »Krieg und Frieden« befindet sich im Picasso-Museum des Ortes. Und auch seine legendäre Friedenstaube, die er für den Pariser Weltfriedenskongress 1949 entwarf, entstand während dieser Zeit.

Ein weiteres Picasso-Museum gibt es in Antibes. Dort existiert seit dem 12. Jahrhundert ein Schloss am Meer, das eine Zeit lang den monegassischen Grimaldis gehörte und deshalb nach ihnen benannt ist. Vor seinen Jahren in Vallauris nutzte Picasso in diesem Schloss ein Atelier, zum Dank überließ er der Gemeinde einige Werke, die nun hier ausgestellt sind.

Paul Cézannes Lieblingsgebirge Sainte-Victoire faszinierte auch Pablo Picasso. Es heißt, er habe halb scherzend gesagt, er wolle diese so sehr mit Cézanne verbundenen Berge am liebsten gleich komplett für sich selbst erwerben.

Daraus ist freilich nichts geworden. Seine letzten Jahre verbrachte Picasso in Mougins nördlich von Cannes. Er arbeitete aber in seinem Atelier im Schloss Vauvenargues am Fuß der Montagne Sainte-Victoire bei Aix-en-Provence, denn immerhin dieses prachtvolle Bauwerk hatte er kaufen können. Nach seinem Tod im Jahr 1973 wurde er im Garten des Schlosses beerdigt.

Noch heute durchstreifen Malerinnen und Maler die markante Westseite des Gebirgszugs, um diesen wie einst Cézanne auf der Leinwand zu verewigen. In dieser Landschaft lässt sich auch wunderbar wandern, von den Hängen des 18 Kilometer langen Gebirgszugs schweift der Blick über Aix-en-Provence bis hinaus auf das azurblaue Mittelmeer. Peter Handke erkundete das Gebiet und legte seine etwas verwirrenden Eindrücke in dem Büchlein »Die Lehre der Sainte-Victoire« nieder. Paul Cézanne bestieg die Berge gemeinsam mit seinem Freund Émile Zola.

Wer seine Eindrücke weder schreibend noch malend verarbeiten möchte, der findet im Licht der Provence ganz wundervolle Fotomotive. Und wer sich auch nicht auf eine fotografische Entdeckungsreise begeben möchte, der lässt die fantastischen Farben der Provence ganz einfach nur auf sich wirken. Denn eines ist sicher: Die Provence enttäuscht ihre Gäste nicht. Sie ist nämlich tatsächlich noch viel schöner, als ich es mir jemals vorzustellen wagte.

Clafouits de cerise – Kirsch-Auflauf

Zutaten für vier Personen:

250 ml Milch
150 g Mehl
2 Eier
300 g saure Kirschen ohne Stein
2 cl Kirschwasser
40 g Zucker
30 g Butter
20 g Paniermehl
50 g Marzipan
Salz
Butter zum Einfetten
Puderzucker
Vanilleeis

Zubereitung:

Das Mehl mit einer Prise Salz in eine Schüssel geben und mit dem Schneebesen die Milch unterrühren, bis ein glatter, flüssiger Teig entstanden ist. Ein Ei unterrühren, das andere in Eiweiß und Eigelb trennen und das Eigelb ebenfalls unterrühren. Dann den Teig abgedeckt 30 Minuten ruhen lassen.

Die Kirschen gut abtropfen, halbieren und mit dem Kirschwasser begießen. 30 Minuten lang darin marinieren.

Das Eiweiß mit ½ Teelöffel Salz und 30 g Zucker steif schlagen und danach unter den Teig heben. Das Marzipan fein hacken und ebenfalls untermischen. Die Butter in einer Pfanne zerlassen und unterrühren. Anschließend das Paniermehl und den restlichen Zucker in der Pfanne kurz erhitzen und abkühlen lassen.

4 ofenfeste Förmchen gut mit Butter einfetten, den Teig einfüllen und die Kirschen obenauf legen. Zum Schluss mit der Paniermehl-Zucker-Mischung bestreuen. Den Backofen auf 200°C vorheizen und die Clafoutis etwa 15 Minuten darin backen, bis sie goldbraun sind.

Sofort mit Puderzucker bestäuben und mit jeweils einer Kugel Vanilleeis servieren.

Das letzte Wort

Liebe Leserinnen, liebe Leser,

ich hoffe, Ihnen hat unser Ausflug in das südliche Frankreich gefallen. Natürlich freue ich mich über Ihre Tipps, Hinweise oder Anregungen und beantworte auch gerne Ihre Fragen. Schreiben Sie mir einfach an *kontakt@almutirmscher.de.*

Versäumen Sie bitte nicht die Fotos aus der Region Provence-Alpes-Côte d'Azur auf **www.almutirmscher.de**!

Vielen Dank und…
…au revoir en Provence!

Ihre
Almut Irmscher

Danksagung

Ich danke allen, die mich mit Tipps und Anregungen unterstützt haben.

Ganz besonders danke ich meinem Mann Ulrich Otto, ohne seinen Rat, seine Korrekturen, seine Aufmunterungen und seine ständige Bereitschaft, mir alle Hindernisse aus dem Weg zu räumen, wäre meine Arbeit nicht möglich gewesen.

Mein herzlicher Dank geht an Rosi Seidl, die die Fotoalben auf meiner Seite *www.almutirmscher.de* mit ihren schönen Bildern bereichert.

Besonderer Dank gebührt auch meiner Freundin Gunhild Hexamer, die mich nicht nur durch die Jahrzehnte des Lebens begleitet hat, sondern auch die Entstehung meiner Bücher jedes Mal aufs Neue unermüdlich und engagiert mit ihren Hinweisen, Korrekturen und Anregungen begleitet. Sie ist es auch gewesen, die mir überhaupt erst den Anstoß zum Schreiben gegeben hat. Ohne Gunhild gäbe es meine Bücher nicht. Gunhild ist selbst Autorin, wenn Sie sich für Nordamerika interessieren, dann empfehle ich Ihnen ihre Bücher, die Sie auf ihrer Website *www.ghexamer.de* finden.

Die Provence

Banon

Auf einem Markt

Die Autorin mit zwei ihrer Kinder im Lavendelfeld

Ein Camargue-Pferd

Auf dem Mont Ventoux

Flassan

Gorges du Verdon

Grasse

Lange nicht aufgeschlossen – in Bédoin

Trödelladen

Der Strand von Saint Aygulf

Beffroi de Caromb

Èze

Saint Tropez

Nizza

Feedback

Wie hat Ihnen das vorliegende Buch gefallen?
Bitte scannen Sie den QR-Code und beantworten Sie uns gerne einige Fragen. Das hilft dem MANA-Verlag auch bei der Entwicklung neuer Titel.
Vielen Dank!